もう一度考えたい「ゆとり教育」の意義

辻村哲夫
元文部省初等中等教育局長

中西　茂
元読売新聞記者

悠光堂

はじめに　なぜ〈もう一度考えたい「ゆとり教育」の意義〉なのか

辻村　哲夫・中西　茂

「ゆとり教育」の意義だって？　なんで、いまさら「ゆとり」なの？

そんな声が聞こえてくるようです。

四半世紀前、私たち二人はいわゆる「ゆとり教育」推進の立場で教育に関わっていました。

辻村は、平成七（一九九五）年七月から旧文部省の総務審議官として中央教育審議会を担当し、「ゆとり教育」の構想を提言した「二一世紀を展望した我が国の教育の在り方について」の「答申」のとりまとめにあたりました。平成八（一九九六）年八月からは初等中等教育局長として教育課程行政に携わりましたが、その中で教育課程審議会を統括し、重要課題となっていた中央教育審議会の答申を踏まえた学習指導要領の改訂に取り組みました。この一連の学習指導要領の改訂作業に携わった者として、行政の立場から、その考え方、内容等について記したのが第一部で、本書のまとめである第四部も執筆しました。

一方、中西は当時、読売新聞の文部省記者クラブにいて、「ゆとり教育」を推進する記事を書きました。〈脱ゆとり〉へ転換していく時期は地方支局からその動向を見守っていましたが、平成一四年暮れの人事異動で、再び本社で教育問題を担当、長期連載「教育ルネサンス」を立ち上げ、平成二八（二〇一六）年の大学教授への転身後も教育ジャーナリストとして教育政策をウォッチしています。〈ゆとり〉から〈脱ゆとり〉への転換を振り返ったのが第二部、現在の教育をめぐる状況をつづったのが第三部です。

読売新聞と言えば、平成一三（二〇〇一）年一月五日、文部科学省が脱ゆとり教育に舵を切る、その先鞭をつけた報道が知られています（九六頁参照）。しかし、〈ゆとり〉から〈脱ゆとり〉への転換の時代は、正当に評価されているのだろうか。誤解も（曲解も？）正論も（暴論も？）、ごちゃ混ぜになった、もう多くの人が記憶のかなたに置いてきてしまったかもしれないあの時代です。そして、令和二（二〇二〇）年から新しい学習指導要領が実施されたいま、立ち止まって考え直す点はないのかと問いかけたいのです。それは子供たちをめぐる最近の状況が気になっているからです。詰め込みの時代ではないはずなのに、なぜ子供たちも教員も、こんなに忙しそうなのでしょうか。

「文章を正確に理解する読解力」や「自分の頭で考えて表現する力」が必要――平成三一（二〇一九）年四月一九日、文部科学省が中央教育審議会に対して行った諮問「新しい時代の初等中等教育の在り方について」はこう述べています。それは、子供たちにそういった力が足りていないことの裏返しです。かつても聞いたような気がします。諮問文では、いじめや児童虐待の深刻な課題への対応、教師の長時間勤務の深刻な実態、教員採用選考試験の競争率の減少への対応も課題に挙げています。諮問文からは、現状に対する文部科学省の強い危機意識が伝わってきます。

「国際化、情報化、科学技術の発展、高齢化、少子化や経済構造の変化など、我が国の社会は大きく変化しており、このような変化を踏まえた新しい時代の教育の在り方が問われる」。これは平成七（一九九五）年の中央教育審議会の諮問文の一部です。社会の変化が著しい中で我が国の学校教育を一層良いものにしていくために、基本に立ち返ってこれからの教育を展望するという問題意識は、二〇年前に「ゆとり教育」を議論した時と全く同じです。

一〇年ひと昔と言いますが、あの混乱の時代から二〇年余が過ぎ、学習指導要領の全面改訂は二度行われました。教育内容だけで学習指導要領を論じるわけにはいきませんが、減った内容は増加に転じ、小学校の総授業時数は元に戻りました。しかし、制度上、公立学校の週五日制は見直されたわけではありません。しかも、今回の学習指導要領は、「何を学ぶか」だけでなく、「どうやって学ぶか」「何ができるようになるか」についても示した重厚な内容です。小学校での英語教育やプログラミング教育のように、二〇年前には想定されていなかった内容も含まれています。さらに、文部科学省は働き方改革という名の時短も求めています。教職の魅力を取り戻すために重要ですが、ベクトルが真逆の二つの改革を両立できるのか、という根本的な疑問があります。

しかも、「ゆとり教育」を反転させたあの時代に、学習指導要領は最低基準と明確に示されたはずです。では、今回の学習指導要領の内容は全員がやるべきことなのか、あるいは全員ができることなのか。「ゆとり教育」がどこかでボタンを掛け違えたのかと思う反面、いまの改革はボタンを掛け違えていないのか。言っていることは理想的で正しくとも改訂を余儀なくされた、あの時代の反省に立って、いまの改革を考えてみてほしいというのが私たちの願いです。

本書を読み進めていただく前に「ゆとり教育」という言葉の使われ方は極めてあいまいであるということをお伝えしたいと思います。そのあいまいさゆえに、これまで議論がかみ合わないことも少なくありませんでした。辻村が本書第一部で述べている「ゆとり教育」は、主に平成一四（二〇〇二）年度からの約一〇年間のことを指しますが、「ゆとり教育」を論じる人は、必ずしも同じ一〇年間のことを語っているわけではありません。

「ゆとり教育」という言葉は、一般的に学習指導要領の改訂とともに語られます。学習内容が削減されてきた歴史を考えると、「ゆとり教育」は改訂時期ごとに三つの段階があります。第一段階は昭和五五（一九八〇）年度から実施された学習指導要領で、「ゆとりと充実」という言葉がスローガンになり、学校には「ゆとりの時間」（学校裁量の時間）ができました。第二段階は平成四（一九九二）年度から実施された学習指導要領です。「関心」「意欲」「態度」を重視した評価で、「新しい学力観」が唱えられた時代です。小学校低学年では理科と社会が消えて「生活科」が新設されました。そして、第三段階が、最も教育内容が削減された平成一四（二〇〇二）年度からの学習指導要領です。

ここからはそれぞれを「第一のゆとり（教育）」「第二のゆとり（教育）」「究極のゆとり（教育）」と呼ぶことにします。本書は、主に「第二のゆとり教育」が実施されている時代に「究極のゆとり教育」を導入しようとして批判が集まった前後、つまり、平成のヒトケタ台から一〇年代前半、西暦で言えば一九九〇年代半ばから二〇〇〇年代半ばのことをまず論じることになります。

学習指導要領改訂までの流れ（平成七年当時）

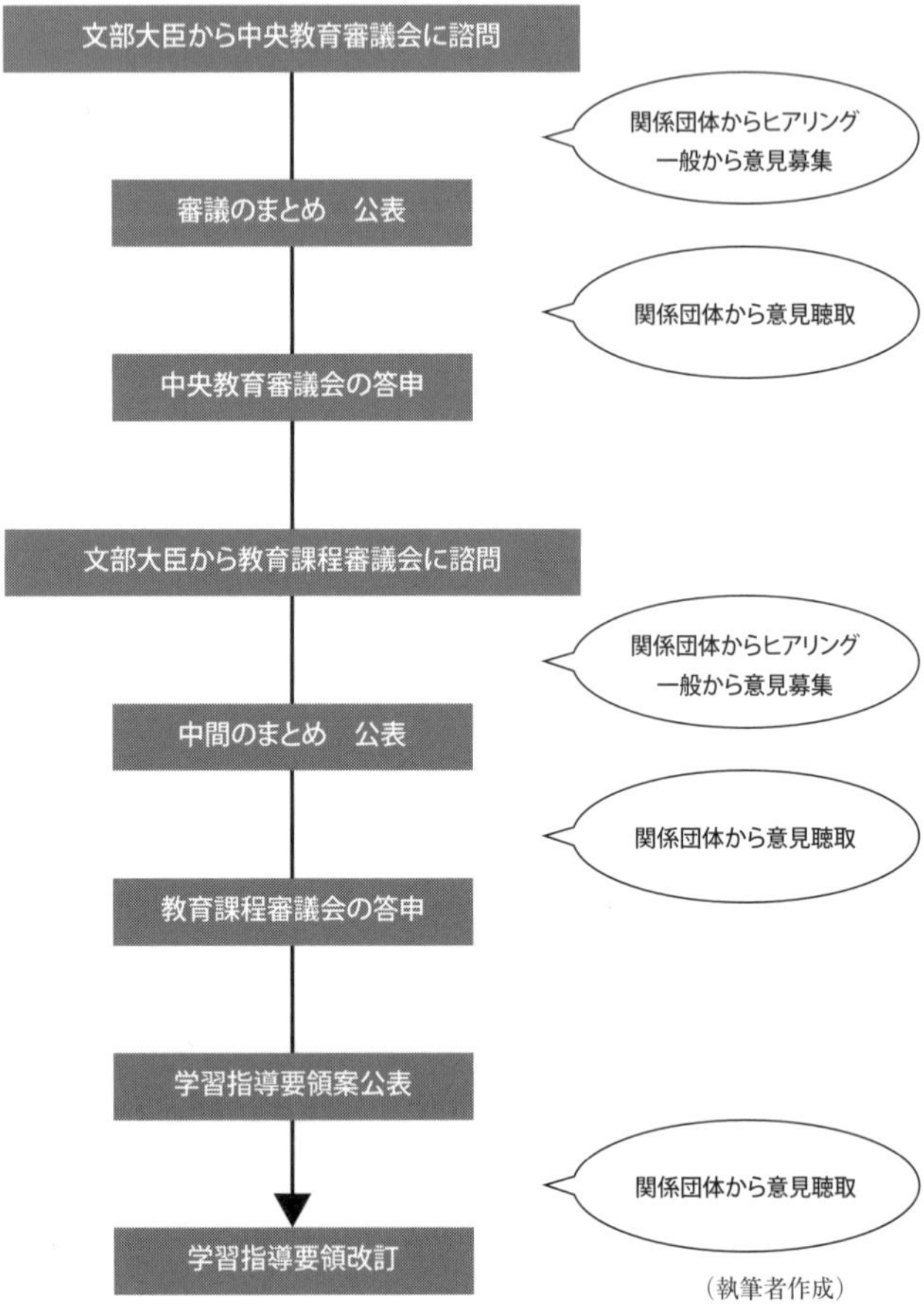

（執筆者作成）

3つの「ゆとり教育」改訂・施行時期

	第一のゆとり	第二のゆとり	究極のゆとり
改訂年	昭和52年（小・中学校） 昭和53年（高等学校）	平成元年（小・中・高等学校）	平成10年（小・中学校） 平成11年（高等学校）
施行年度	昭和55年度（小学校） 昭和56年度（中学校） 昭和57年度（高等学校）	平成４年度（小学校） 平成５年度（中学校） 平成６年度（高等学校）	平成14年度（小・中学校） 平成15年度（高等学校）

（備考）特別支援学校については、小・中・高等学校に準じて改訂・施行された。

目次

第一部 「ゆとり教育」が目指したもの

辻村 哲夫

ここでは、「はじめに」で「究極のゆとり教育」と呼ぶこととした教育の基になった学習指導要領が、どのような流れでできたのか辿り、そのねらいや内容を考察する。それは、平成一〇（一九九八）年に改訂され、平成一四（二〇〇二）年度から一〇年間実施された。

当時、文部省で初等中等教育行政に携わっていた私には、加熱する受験競争の下で緊張を強いられた日常生活を送り、世界の子供たちに比べてテストの成績は良いのに学ぶ楽しさや学ぶことへの興味関心では低位にとどまり、自分に自信を持てない日本の子供たちの現状を何とか改善したい、そんな思いが募っていた。

これからの我が国の教育の在り方について、平成七（一九九五）年四月から一年間にわたって審議した中央教育審議会の委員も、続いて審議を行った教育課程審議会の委員も、子供たちの現状については同じような認識を持っていたように思う。

そして、平成八（一九九六）年に出された中央教育審議会の答申が提言したのが、「生きる力」の育成を目指し、「教育内容の厳選」「学校裁量による『総合的な学習の時間』の創設」「完全学校週五日制の導入」の三本を柱とする教育改革であった。また、その答申を踏まえた教育課程審議会の答申もその精神を共有するもので、私は強い共感を覚えた。

しかし、この学習指導要領は、告示直後から、子供たちにのんびりと学校生活を送らせるもの、子供たちの学力を低下させるもの、教育内容を減らし教師の負担を軽くするためなどの批判を受けた。それは後述するように全く的外れのものであったが、現在もなお、その誤解は完全には解かれていないように思われる。

その後今日までに学習指導要領は二度の改訂が行われ、その内容はすっかり姿を変えてしまった。教育内容は増加し、「総合的な学習の時間」は存在感を失い、学校週五日制も私立の学校の多くが実施せず、公立の学校でも土曜日の教育活動がむしろ推奨されるような状況になっている。過度に子供の教育を学校に依存する社会からの脱却という、二〇年前の学習指導要領が目指した目標は影をひそめてしまっている。ただ唯一、「生きる力」の育成、この旗だけは降ろされることなく継承されているのは幸いであるが、これが今日の学校教育の現状だと言ってよいであろう。

なお、「ゆとり教育」という言葉はメディアの造語であり、本来は「いわゆるゆとり教育」とすべきだが、表現を簡潔にするため、本書では、単に「ゆとり教育」と表現している。

「生きる力」も「ゆとり教育」も、幼稚園・高等学校・特別支援学校を含めたすべての初等中等教育の学校に関わるものであるが、周知のとおり、「ゆとり教育」をめぐる論議が、小学校・中学校の教育を中心に起こったものであることから、第一部では、小学校と中学校の教育を主に取り上げている。

第一章　「ゆとり教育」の構想はこんな状況から生まれた

「ゆとり教育」の構想は、平成七（一九九五）年四月から始まった中央教育審議会の審議の中から生まれ、平成八（一九九六）年七月の答申で提案されたものである。

その構想には、教育内容の削減が含まれているが、それには明確な理由があった。詳しくは後述（二六頁参照）するが、「ゆとり教育」は「時間的・精神的にゆとりのある教育」であり、それは、教師が教え、子供たちがそれを覚えるというこれまでの教育の基調を転換するものであった。すなわち、教師が時間をかけて創意工夫し様々な指導法を駆使して丁寧な分かりやすい指導を行うとともに、授業の中で子供たちが自ら考え調べる学習、体験的な学習、問題解決的な学習などに取り組める時間を確保し、子供たちが、基礎・基本から知識を確実に習得しながら思考力・判断力・表現力等をしっかりと育む教育に改めようとするものであった。

したがって、子供たちや教師の負担ということから言えば、子供たちにも教師にもこれまでとは異なる視点に立った教育・学習が求められるのであり、ある意味ではこれまで以上の努力が求められるのである。

なぜ審議会はこうした構想を提言したのだろうか。審議会は審議を開始した平成七（一九九五）年当時の子供たちをめぐる状況を分析評価し、それを踏まえて構想を提言した。では、それはどのようなものだったのか。まず、それを振り返っておこう。

中央教育審議会の審議が始まった当時、教育行政・学校・子供たちをめぐっては、次のようなことが課題になっていた。

① 学習指導要領の改訂を行う時期を迎えていた
② 学校週五日制の今後の在り方を決定する時期を迎えていた
③ 子供たちの学力をめぐって種々課題が指摘されていた
④ 不登校・いじめの問題が深刻な問題となっていた
⑤ 臨時教育審議会の答申を踏まえ、教育改革をどう推進するかが課題となっていた

① 学習指導要領の改訂を行う時期を迎えていた

当時実施されていた学習指導要領は平成元(一九八九)年に改訂されたものであり、告示後七年を経過していた。

学習指導要領は、学校の教育課程の基準を示す、いわば学校の教育活動の羅針盤であり、常に子供たちの成長にとって最善なものになっている必要がある。そこで、文部省(現文部科学省)は、学習指導要領が、子供たちの学習に支障を来たしていないか、国際化や情報化などの社会の進展に対応した適切な内容になっているかなどについて様々な調査を行って、常に分析評価を行っている。

こうした学習指導要領の問題点の把握や、国際化・情報化の進展などの社会の変化を見通した教育内容の見直しには、四~五年では短かすぎ、また、二〇年、三〇年では、社会の変化などに遅れを取ってしまう。このような考えの下、文部省は一〇年を目途に改訂を行ってきたのである。

学習指導要領の改訂には教育課程審議会の審議に少なくとも二年程度、教科書の編集・検定・採択に三年程度を要することなどを考えると、平成七（一九九五）年は、そろそろ学習指導要領の改訂の検討を開始する時期になっていたのであった。

② 学校週五日制の今後の在り方を決定する時期を迎えていた

当時、学校週五日制について土曜日を休業日とする試行が全国の学校で始まっていた。昭和六一（一九八六）年四月の臨時教育審議会の第二次答申と昭和六二（一九八七）年の教育課程審議会の答申によって学校週五日制の導入について検討することを促されていた文部省は、平成元（一九八九）年、検討のための調査研究協力者会議を設置するとともに、その適否を調査研究するために全国の学校で試行を開始していた。

具体的には、平成四（一九九二）年度から三年間、全国の初等中等教育の学校で一斉に月に一回第二土曜日を休業日とし、平成七（一九九五）年度からは月に二回第二土曜日と第四土曜日を休業日として、その実施の適否、土曜日を休業日とすることで生ずる課題などを調査研究していた。月二回までの土曜日休業なら学習指導要領の改訂をせずにその運用で実施が可能であるが、さらに進めて月三回土曜日を休業日とする場合やすべての土曜日を休業日とする完全学校週五日制に移行する場合は、もはや学習指導要領を変更しない運用では対応できず、学習指導要領の改訂が必要になる。

学習指導要領の改訂時期を控え、学校週五日制を今後どのようなものにするか、文部省として判断すべき時期を迎えていたのである。

③　子供たちの学力をめぐって種々課題が指摘されていた

学習指導要領の改訂は、実質的に子供たちの教育活動全体を左右するものであることから、その検討に当たっては、学校が抱えている課題、子供たちの実態、社会からの学校教育への要請など、種々の観点から検討する必要があるが、当時、子供たちの学力をめぐって種々課題が指摘されていた。

文部省が実施した「教育課程実施状況に関する総合的調査研究」の調査でも、子供たちは国語、算数・数学、社会、理科などの基礎的知識を概ね身に付けており、国際教育到達度評価学会（ＩＥＡ）の調査でも、その学力は国際的に見て高い水準にあることが窺えたが、一方で、教育内容を十分に理解できていない子供たちが少なくないことも明らかとなっていた。

◇教育課程実施状況調査の結果

この調査は、平成五（一九九三）年度～平成七（一九九五）年度に、全国の公立小学校・中学校を対象に、小学校は約六〇〇校、五年生と六年生の児童それぞれ約一万六千人、中学校は約四八〇校すべての学年の生徒それぞれ約一万五千人が参加して行われた。

子供たちの成績は、巻末資料1のとおりであった。

なお、資料には、調査がどのような問題で行われたかを知っていただくために、国語と算数・数学の問題の一例を「正答・正答率」とともに掲載している。

全体としては概ね良好とされているが、国語の漢字を書く力、算数の計算する力などの基礎的基本的な学力を十分に身に付けていない子供が少なくなかったことも窺われる。

◇ＩＥＡ調査の結果

国際教育到達度評価学会（ＩＥＡ）は、教育に関する国際的な共同研究調査を行うことを目的として昭和三五（一九六〇）年に設置された。現在世界で約五〇か国が参加しており、我が国は、昭和三六（一九六一）年から参加し、国立教育政策研究所が我が国の代表機関となっている。

平成七（一九九五）年に行われた調査には、小学校は二六か国・地域約四千校、約一七万人の児童、中学校は四六か国・地域約六千校、約二九万人の生徒が参加し、我が国からは全国の小学校一四五校、三年生四五一七人、四年生四五五二人の児童、中学校一五三校、一年生五四〇四人、三年生五五一五人の生徒が参加している。

巻末資料2は、算数・数学と理科に対する我が国の子供たちの意見である。算数・数学、理科とも我が国の子供たちの成績はトップグループに入っているが、どの教科についても「学習が好き」また「勉強が楽しい」と回答する子供たちの割合が　諸外国の子供たちに比べて低い。この傾向は、小学校から中学校に進むと、さらに顕著になっている。

このような傾向は、これ以降の調査でも毎回示されるのであるが、学ぶことに対して消極的な気持を持ちながら、学習がよい成果を上げられないことは言うまでもない。

当時、その原因として、授業が多くの知識を覚えるものになっており、また時間的にゆとりのない学習に追われているという実情、その背景として過度の受験競争の問題があることなどが指摘されていた。

④　不登校・いじめの問題が深刻な問題となっていた

当時、不登校といじめの問題が深刻さを増していた。

◇**不登校の問題**

「不登校」とは、病気や経済的理由を除いて、何らかの心理的、情緒的、身体的あるいは社会的要因・背景により登校しないあるいはしたくともできない状況にある者をいうが、当時、不登校の児童生徒の数は、毎年度七〜八万人で推移していた（巻末資料3参照）。

家庭の問題、学校での人間関係などその理由は様々であるが、子供本人にとっても家庭にとっても悩み苦しむ問題であり、教育行政が深刻に受け止めて対応すべき課題となっていた。また、不登校の理由として、「学業の不振」を挙げる子供の数も少なくなく、教育内容・方法の問題も指摘されていた。

◇**いじめの問題**

当時、小・中学校でのいじめの発生件数は、平成元（一九八九）年度約二万七千件、以後毎年度二万件前後で推移していた。いじめは人権にかかわる重大な問題として文部省もその解消に力を注いでいたが、平成六（一九九四）年一一月、いじめを苦に中学生が自殺するという痛ましい事件が発生した。この事件をきっかけに同年一二月から翌年二月にかけて全国の学校でいじめの総点検が行われた。このこともあり、平成六（一九九四）年度のいじめの発生件数は約五万二千件を数えるに至った（巻末資料4参照）。

こうした深刻な状況を踏まえ、平成八（一九九六）年一月には、文部大臣が緊急アピール「かけがえのない子どもの命を守るために」を発表するなど、この時期は、国としていじめ問題への取組みを強化している時期であった。

⑤ 臨時教育審議会の答申を踏まえ、教育改革をどう推進するかが課題となっていた

臨時教育審議会は、昭和五九（一九八四）年九月、我が国の教育改革に関する基本的方策を調査審議することを目的として、三年間という期限を切って内閣総理大臣直属の審議会として設置された。臨時教育審議会は四回にわたって答申を出したが、内閣はその答申を尊重することが法定されており、その後の教育施策の重要な改革指針となっていた。

中でも、答申が示した三つの原則は、教育改革の基本的な原則として重要な役割を果たしていた。三つの原則とは、「個性重視の原則」「生涯学習体系への移行」「変化への対応」であり、これらの原則に則って示された、子供たち一人一人に「創造性・考える力・表現力」を育成すること、基礎基本を徹底させること、学歴社会を打破すること、学校教育中心の教育観から脱却すること、自らを不断に改める自己革新力を備えた教育システムを形成していくことなどは、その後の教育改革の基本的な考え方とされたのである。

これら臨時教育審議会の考え方は、「ゆとりを持った教育、『生きる力』の育成、学校のスリム化、学校・家庭・地域社会の連携協力による教育の重要性の観点に立った完全学校週五日制の導入」など、後の中央教育審議会の考え方と軌を一にしているものだったと言えよう。

平成七（一九九五）年当時、教育行政・学校・子供たちをめぐっては、このような課題が生起していたのである。

第二章　これが「ゆとり教育」の基本的考え方である

◇「ゆとり教育」は中央教育審議会の審議から生まれた

こうした課題を抱え、我が国の教育をどのように切り拓いていくか、国民が注視する中で、平成七（一九九五）年、中央教育審議会の審議が始まったのである。

これまで、学習指導要領改訂の検討は教育課程審議会で行われ、その答申を踏まえて行われてきた。

しかし、平成一〇（一九九八）年の改訂では、まず中央教育審議会で今後の教育の基本的な方向についての審議を行い、それを踏まえて教育課程審議会が学習指導要領の改訂の在り方について審議するという二段階の手順が採られた。

例えば、完全学校週五日制の実施に踏み切るとすれば、それは我が国の学校教育の基本的な枠組みを変更することとなるのであり、また、当時の教育行政・学校・子供たちをめぐって生起していた課題は、いずれも我が国の教育界に長年にわたって堆積されてきた体質ともいえる問題だった。

そこで、まず今後の教育の在り方に関する基本的な方針を明確にしたうえで、学習指導要領をどう改めるかの検討を行うという手順が採られたのである。

そして、我が国の教育の現状や課題、教育改革の基本理念・基本施策などについて中央教育審議会答申が示した考え方や内容を踏まえその実現に向けて、教育課程審議会の審議、学習指導要領の改訂へと作業は進んでいったのである。

(1)　当時の子供たちの状況はどのようなものであったか

教育を考えるときの出発点は常に子供たちの現状をどう認識するかということである。現状の正しい診断があってはじめて正しい改善方策を講ずることができるからである。子供たちの現状をどう評価するかについて真剣な議論が交わされたが、結論とされた現状認識は次のようなシビアなものであった。

①　人々の生活水準が向上し生活が便利さを増す反面、社会全体が慌ただしくなって、人々の日常からゆとりが失われていっている。こうした我が国の社会の変貌が、当然のこととは言え、子供たちに大きな影響を与えている。そしてそれは子供たちの学習の面、心の成長の面に少なからず負の影響を与えている。

②　子供たちは、国際交流、社会参加、社会貢献等に対して積極的であるなど評価すべき点も多いが、日常生活においても学校生活においてもゆとりがなく、そのことが社会性の不足、自立の遅れ、不登校やいじめの問題など様々な教育上の問題を生んでいる。そして、我が国社会の「同質にとらわれる社会」すなわち「横並び意識の強い社会」という特質がこの問題をより深刻なものにしている。

③　学力の面では、我が国の子供たちは、諸外国の子供たちに比して概ね良好な成績を上げているが、事物・事象への興味・関心、知的好奇心、学習意欲などの点で低位に甘んじている。これは看過できない重大な問題と考える必要がある。

④　こうした結果を生む要因として、授業が多くの知識を詰め込むものになっており、「ゆとり」のある学習ができず学習内容を十分に理解できない子供たちも少なくないこと、学習が受け身で達成感・

成就感を味うことのできる学習になっていないことなどが考えられる。

⑤　過度の受験競争の下、子供たちは他の子供との点数を競い合うことに神経を遣う受験のための学習に追われ、本来の学ぶ目的を見失わせる状況になっていることが懸念される。

⑥　深刻化している不登校・いじめの解決には、何よりも学校が子供たちにとって楽しくゆとりのある場にならなければならない。

我が国の子供たちについてのこのような現状認識がこの後、「ゆとり教育」の構想を生み出していくのである。

(2)　これからの教育が目指すのは「生きる力」の育成である

では、現状を改善して、子供たち一人一人が豊かに成長していくためにはどのような教育が行われるべきか。中央教育審議会が提案したのが、教育は「生きる力」の育成を目指して行われなければならないということだった。

審議会は、これから子供たちが生きていく社会は「知識の陳腐化が早まり、学校時代に獲得した知識を保持していれば済むことの許されない社会、予測が明確につかない先行き不透明な社会、したがって入手した知識・情報を使って価値ある新しいものを生み出す創造性が強く求められる社会」である、とした。

そして、このような社会の中で生きていくためにこれからの教育は、次のような「生きる力」の育成を目指すべきことを提案したのである。

◇「**生きる力**」**の意義**

「これからの子供たちに必要となるのは、いかに社会が変化しようと、自分で課題を見つけ、自ら学び、自ら考え、主体的に判断し、行動し、よりよく問題を解決する資質や能力であり、また、自らを律しつつ、他人とともに協調し、他人を思いやる心や感動する心など、豊かな人間性である。たくましく生きるための健康や体力が不可欠であることは言うまでもない。こうした資質や能力を、変化の激しいこれからの社会を「生きる力」と称することとし、これらをバランスよくはぐくんでいくことが重要である」

◇「**生きる力**」**の説明**

そして、審議会は、「生きる力」とは、全人的な力であり、幅広く様々な観点から敷衍《ふえん》することができるとして、詳しい説明を加えた。整理するとその内容は概ね次のとおりである。

①「生きる力」は、これからの変化の激しい社会において、いかなる場面でも他人と協調しながら自律的に社会生活を送っていくために必要となる、「人間としての実践的な力」である。それは、紙の上だけの知識ではなく、生きていくための「知恵」とも言うべきものであり、我々の文化や社会についての知識を基礎にしつつ、社会生活において実際に生かされるものでなければならない。

②「生きる力」は、単に過去の知識を記憶しているということではなく、初めて遭遇するような場面でも、自分で課題を見つけ、自ら考え、自ら問題を解決していく資質や能力である。これからの情報化の進展に伴ってますます必要になる溢れる情報の中から自分に本当に必要な情報を選択し、主体的

に自らの考えを築き上げていく力などは、この「生きる力」の重要な要素である。

③「生きる力」は、理性的な判断力や合理的な精神だけでなく、美しいものや自然に感動する心といった柔らかな感性を含むものである。

④よい行いに感銘し、間違った行いを憎むといった正義感や公正さを重んじる心、生命を大切にし、人権を尊重する心などの基本的な倫理観や、他人を思いやる心や優しさ、相手の立場になって考え、共感することのできる温かい心、ボランティアなど社会貢献の精神なども、「生きる力」を形作る大切な柱である。

⑤健康や体力は、こうした資質や能力などを支える基盤として不可欠である。

⑥教育は、子供たちの「自分さがしの旅」を扶《たす》ける営みとも言える。教育において一人一人の個性をかけがえのないものとして尊重し、その伸長を図ることの重要性はこれまでも強調されてきたことであるが、今後、「生きる力」を育んでいくためにも、こうした個性尊重の考え方は一層推し進めていかなければならない。そして、その子ならではの個性的な資質を見いだし、創造性等を積極的に伸ばしていく必要がある。

⑦個性尊重の考え方に内在する自立心、自己抑制力、自己責任や自助の精神、さらには他者との共生、異質なものへの寛容、社会との調和といった理念は、一層重視されなければならない。

⑧今後、国際化がますます進展し国際的な相互依存関係が一層深まっていく中で、子供たちにしっかりと「生きる力」を育むためには、世界から信頼される、「国際社会に生きる日本人」を育てるということや過去から連綿として受け継がれてきた我が国の文化や伝統を尊重する態度を育成していくこ

とが、これまでにも増して重要になってくると考えられる。

◇**学習指導要領に規定された「生きる力」**

平成一〇（一九九八）年の小学校・中学校の学習指導要領の改訂で「総則」に次のような規定が置かれ、我が国の小学校・中学校では、「生きる力」の育成を目指した教育を行うことが法的にも明確に示されたのである。

総則「学校の教育活動を進めるに当たっては、各学校において、児童生徒に生きる力をはぐくむことを目指し、創意工夫を生かし特色ある教育活動を展開する中で、自ら学び自ら考える力の育成を図るとともに、基礎的・基本的な内容の確実な定着を図り、個性を生かす教育の充実に努めなければならない。」

(3)　「生きる力」の育成には「ゆとり教育」が必要である

では、「生きる力」はどのようにして育んでいくのか。

子供たちは、学校だけでなく家庭や地域社会での様々な体験を通して成長していく。これからの教育が目指すべきものとして「生きる力」の育成を提言した中央教育審議会も家庭や地域社会での教育の重要性を繰り返し指摘した。

もちろん、家庭や地域社会の教育機能の充実は極めて重要である。

しかし、計画的・組織的に教育を行うのは学校であり、教育の中心的役割を果たすのは何と言っても学校である。平成一〇（一九九八）年の学習指導要領の改訂において、その学校が目指す教育は「生きる力」の育成であることが特に明記されたことは上述したとおりである。

すなわち、子供たちは、学習指導要領に基づいて「生きる力」の育成を目指して行われる教育と、それを基礎とした自らの努力によって「生きる力」を育んでいくのである。しかし重要なことは、その教育がこれまでのように教師が教え子供たちが受け身的に覚えることを基調とした教育ではないということである。

「生きる力」は、自律的に社会生活を送っていくために必要な実践的な力である。こうした「生きる力」は、教師が一方的に教え、子供たちは受け身で多くのことを覚えるという知識を記憶させることを基調とするこれまでの教育では十分に育むことはできないのである。

繰り返し述べるように、教育の在り方を「時間的・精神的にゆとりのある教育」すなわち「ゆとり教育」に改める必要がある。授業を、教師が創意工夫し様々な指導法を駆使して分かりやすい指導を行う、子供たちは自ら考え調べる学習、体験的な学習、問題解決的な学習などに取り組むことができる、そうした基調に転換することが必要なのである。

こうした授業を通して、子供たちは基礎・基本からの知識を確実に習得しながら、思考力、判断力、表現力などの力を身に付け、「生きる力」を十分に育んでいくことができるのである。

教育の基調をこのように転換していくことは、国際比較などで他国の子供たちに比べて成績は良いのに、学習することへの興味・関心、知的好奇心、学習意欲などの点で低位にとどまっている我が国の子供たちの状況を改めていく後押しをすることになるであろうとされた。

◇これまでの学力観の転換

こうした教育の基調の転換は、学力を知識の量の多少のみで評価するこれまでの学力観を転換するとともに、学校ですべての教育を完結させるという考え方から学校教育は生涯学習の基礎を培うという考え方へ転換させていくことでもあったと言えよう。

◇「生きる力」の内容の具体例

(2)では、「生きる力」の意義を述べるとともに、学校の教育は「生きる力」の育成を目指すことが、学習指導要領「総則」に規定されたことを述べた。

これは、「生きる力」の具体的内容は学習指導要領に示されているということである。では、具体的にどのように示されているか。一例として、小学校の漢字学習を例に見てみよう。

学習指導要領では、小学校第一学年から、漢字に対する興味・関心、字形に関する意識等を養いながら、漢字の「読み・書き」の力を身に付け、語彙を増やし、漢字辞典の使い方に慣れ、自分で新出漢字の意味を調べ、熟語、同音異義語などを覚え、最終学年までに、日常的に漢字を適切に使って文章を書くことなどの力を付けることとされているのである。（「小学校学習指導要領解説　国語編　平成二〇〈二〇〇八〉年八月」）

子供たちは、小学校の段階でここまでの力を身に付け、さらに中学校へと漢字学習を発展させていく。そして、中学校で身に付ける内容は中学校学習指導要領に示されているのである。

「生きる力」の内容はこのようなものであるが、問題は子供たちが「生きる力」を実際に育んでいるかどうかということである。学習指導要領が絵に描いた餅に終わってはいけないのである。

実態はどうであろうか。

令和元（二〇一九）年度の「全国学力・学習状況調査」の結果で見てみよう。

次に示したのは、小学校六年生を対象として出題された国語の問題で、下線の部分を漢字に書かせるというものであった。

・地いきの人三〇人を調査の①たいしょうとして、公衆電話は必要かどうかを聞いたところ、ほとんどの人が必要だと回答しました。
・今回の調査を通して知ったことを、学級の友達に②かぎらず多くの友達に伝え、公衆電話について③かんしんをもってもらいたいと思います。
（正答は　①対象、②限らず、③関心である。）

これらの解答について文部科学省国立教育政策研究所が分析しているが、その調査報告によれば、正答率は、①43・1％、②69・5％、③35・8％であり、「同音異義語に注意して、漢字を文の中で正しく使うことに課題がある」とコメントしている。
①について「照」、「称」と、③について「感」と解答した者、これらの問に漢字のどちらか一字しか解答していない者、無解答の者が少なくなかったという。
調査の結果は、必ずしも芳しいものとは言えない。

しかし、この漢字の例だけを見ても、子供たちが力をつけるということは簡単なことではないということである。

子供たちは、国語学習でこうした漢字学習の外「聞くこと・話すこと」などでも日常生活を送る上で必要な力を付けていくこととされており、さらに、国語以外に算数、社会、理科などについて、学習指導要領に示された内容を学んで基礎・基本をはじめとして「生きる力」を育んでいかなければならない。「生きる力」を育むことは、なかなか容易なことではない。

子供自身の努力はもちろんのこと、教師が時間をかけ、創意工夫した様々な指導法を駆使して、分かりやすい丁寧な指導を行うことが不可欠であり、時間に追われた慌ただしい授業ではとても子供たちが確実に力を付けることなどできないのである。「ゆとり教育」が必要な所以である。

◇学習指導要領が示す「指導に当たって配慮すべき事項」

学習指導要領「総則」には「指導に当たって配慮すべき事項」として、次のような事項が示されている。

教師たちがこうした配慮事項を踏まえた指導を存分に行うことが望まれるが、これも時間的・精神的な「ゆとり」があってはじめて実行できるものと言えよう。

① 各教科等の指導に当たっては、体験的な学習や問題解決的な学習を重視するとともに、児童生徒の興味・関心を生かし、自主的、自発的な学習が促されるよう工夫すること。

② 各教科等の指導に当たっては、児童生徒が学習課題や活動を選択したり、自らの将来について考えたりする機会を設けるなど工夫すること。

③ 各教科等の指導に当たっては、児童生徒が学習内容を確実に身に付けることができるよう、学校や児童生徒の実態に応じ、個別指導やグループ別指導、繰り返し指導、学習内容の習熟の程度に応じた指導、児童生徒の興味・関心等に応じた課題学習、補充的な学習や発展的な学習などの学習活動を取り入れた指導、教師の協力的な指導など指導方法や指導体制を工夫改善し、個に応じた指導の充実を図ること。

④ 児童生徒のよい点や進歩の状況などを積極的に評価するとともに、指導の過程や成果を評価し、指導の改善を行い学習意欲の向上に生かすようにすること。

(4)「ゆとり教育」を行うには「教育内容の厳選」が必要である

◇教育内容の厳選の趣旨

「生きる力」の育成には「ゆとり教育」が必要であることは、(3)で説明したとおりである。それは、「生きる力」は、教師が一方的に教え、子供たちは受け身で多くのことを覚えるというこれまでの基調に立った教育では十分に育むことができない、授業の在り方について、その基調を転換する必要があるということであった。

しかしそうした授業もそれができる環境が整えられていなければ実現できない。

そのための方法として、教育機器の導入などの方策も考えられるが、何と言っても教育内容を厳選して、そうした教師の指導、また子供たちの学習ができる時間を生み出すことが不可欠だと言わなければならない。

こうした考え方は、中央教育審議会・教育課程審議会も同様であった。

中央教育審議会の指摘は「教育内容の厳選は、学校で身に付けるべき基礎・基本は何か、各学校段階や子供たちの心身の発達段階に則して適当なものは何かを問いつつ、徹底して行うべし」というものであった。

また、教育課程審議会の指摘は「子供たちの学習の現状や教育課題を踏まえ、授業時数の縮減以上に思い切って教育内容を厳選し、もっぱら覚えることに追われている状況をなくすべきである」というものであった。

こうして、「ゆとり」のある教育課程を編成し、教師も子供たちも時間的なゆとり、精神的なゆとりをもって指導に当たり、また学習に励むことができるようにするため、「教育内容の厳選」が行われたのである。

また、平成一〇（一九九八）年の学習指導要領の改訂においては、「ゆとり教育」を実施するためという理由に加えて、第六章で詳述するように、完全学校週五日制の実施と「総合的な学習の時間」の創設によって、学校の年間総授業時数とともに各教科等の授業時数を減ずる必要があり、それに伴って必然的に教育内容を厳選することが必要であった。

「教育内容の厳選」は、このような二つのねらいを持って行われたのである。

「教育内容の厳選」をもって「ゆとり教育」は子供たちに「のんびりと学校生活を送らせるもの」「あまり勉強しなくてもすむようにするもの」、また、教える内容が減って「教師の負担を軽くさせるもの」等の批判があるが、これは全くの見当違いである。

「教育内容の厳選」は、上述したように、「ゆとり教育」によって、子供たちに基礎・基本からの知識を確実に習得させるとともに、思考力、判断力、表現力などの力を身に付けさせ、「生きる力」を十分に育むため、これまでとは異なった視点に立った教育・学習を行うための措置であり、子供たちにも教師たちにも、ある意味では、これまで以上の努力が求められることになるのである。

◇教育内容の厳選の方法・各教科等の教育内容の厳選例

「教育内容の厳選」の作業は、その適否が子供たちの学力水準、ひいては我が国の教育水準の向上に極めて重大な影響を与えることを十分に踏まえて、教科ごと分野ごとの専門家によって学校段階ごとの各教科等の目標・内容などを考察しながらそれぞれの専門的見地に立った慎重な検討を経て行われた。

「教育内容の厳選」に関しては、中央教育審議会から特に次のような指摘を受けていた。
① 学校教育に対しては、社会の変化等に伴い、絶えずその内容を肥大化・専門化させる要請があると考えられる。
② しかし、学校教育で扱うことのできるものは、時間的にも内容の程度においても一定の限度がある。
③ したがって、新たな社会的要請に対応する内容を学校教育で扱うこととする場合には、教育内容を

厳選するという原則に照らし、学校外の学習活動との関連も考慮しつつ、その必要性を十分吟味する必要がある。

④　新たな内容を学校教育に取り入れる場合は、その代わりに、社会的な必要性が相対的に低下した内容を厳選する必要がある。

「教育内容の厳選」の作業は、こうした中央教育審議会の指摘も踏まえながら行われた。

具体的には、これまでの教育の経験等を踏まえて、子供たちにとって理解が困難であった内容、高度になりがちだった内容、単なる知識の伝達や暗記に陥りがちな内容、各学校段階間または各学年間、各教科間で重複する内容、学校外活動や将来の社会生活で身に付けることが適当だと考えられる内容などについて削減、上学年への移行、取扱いの軽減などの様々な方法によって行われたのである。

当然のことながら、学習の土台となる基礎的・基本的な内容や学習をさらに発展させるために必要で重要な教育内容は削減の対象になってはいない。

各教科等の教育内容の具体的な厳選の例は、巻末資料6のとおりである。

子供たちが身に付けるべき内容は学習指導要領にしっかり残されており、「教育内容の厳選」が、子供たちの学習に支障をもたらしたり、学力を低下させたりするようなことは決してない、この考えは今も変わることはない。

第三章　「ゆとり教育」ではこんな教育が行われる

では、「ゆとり教育」では、どのような教育が行われるのか。

教育は様々な場面で多様に行われるのであるが、ここでは、「生きる力」を育むうえで特に重要と思われる指導の中で「ゆとり教育」でより実現できる指導の例として次の三つを取り上げた。

①　基礎・基本を確実に身に付ける

②　自らの考えを持ち自らの言葉で表現する力を培う

③　子供一人一人のより深い理解に立った教育を行う

①　基礎・基本を確実に身に付ける

「生きる力」を育むためには、まず基礎・基本を確実に身に付けることが必要であるが、そのためには、これまで繰り返し述べてきたように、時間的にも精神的にもゆとりのある、子供たちの学習の達成度などを踏まえた教師の丁寧な指導が不可欠である。時間に追われた慌ただしい指導では「生きる力」を十分に育むことはできない。

中央教育審議会も答申の中で、「科学的な素養」を育むための指導として、「子供たち自身の発想を生かした観察や実験などの問題解決的な学習や体験的な学習」「子供たちがじっくり考えるゆとりを持った学習」「試行錯誤を繰り返し発見する喜びや創る喜びを体験すること」などの必要性を強調し、「公式を暗記したり、実験の結果を記憶したりするだけの授業では、科学の面白さは分からない」ことを指摘している。

基礎・基本を確実に身に付けさせるためにどのような指導が必要か、後ほど、宮沢賢治の授業とドイツの教育の例を紹介するが、「ゆとり教育」では、こうした指導を行うことができるのであり、こうして基礎・基本を確実に身に付けた子供たちは、事物・事象への興味・関心、知的好奇心、学習意欲を高め、学力を向上させて、「生きる力」をしっかりと育んでいくことが期待されたのである。

◇子供たちの授業理解の実態

ここに、一つの調査結果がある。

これは、文部省が、「ゆとり教育」が始まる四年前の平成一〇（一九九八）年に全国の小学校一〇〇校、中学校七〇校を対象に行った「学校教育に関する意識調査」の結果である。

詳細は、巻末資料5に掲載しているが、「学校の授業の理解度」に関する児童生徒の回答で、小学校の段階から「半分くらい分かる」「分からないことが多い」「ほとんど分からない」のいずれかと回答した子供が少なくないこと、その数が、中学校に進むと著しく増え、二年生の半数近くがこれらのいずれかにあたると回答しているということである。

そして教師もまた、小学校で約三割、中学校で約四割の子供について「半分くらい理解していると思う」「理解していないことが多いと思う」「理解していないと思う」のいずれかにあたると回答しているのである。

「分からないこと」の程度・内容が必ずしも明瞭ではないが、それが「学習している内容が分からない」

ことだとすれば、このように回答した子供たち、また教師によって「理解していないと思う」と評価された子供たちのその後の学習は極めて困難なものになると推測されるのであり、看過できない実態だと言わなければならない。

こうした状況を何としても改善させる必要があるが、先述したような「ゆとり教育」はその実現に大きな力を発揮することが期待されたのである。

◇宮沢賢治の授業

「雨ニモマケズ」の詩で知られる宮沢賢治は、大正一〇（一九二一）年から一五（一九二六）年まで四年間岩手県の花巻農学校で教鞭を執った。授業がよほど印象的だったのであろう。教え子の一人は、宮沢賢治に教えられた内容だけは忘れていないと言い、次のような賢治の代数の授業の思い出を語っている。（畑山博著『教師　宮沢賢治のしごと』小学館、一九九二）

教え子たちに基礎・基本から確実に知識を身に付けさせようと、賢治がいかに力を注いでいたかが伝わってくる。

軽い冗談を言って座を笑わせる。それからいきなり黒板に向かって問題を書く。

問　諸君の家から学校まで来るのにかかる時間。その一〇〇メートル当たりの一年間の平均時間を出しなさい。

かかった時間÷距離

早とちりの生徒というか、今風のさかしらな生徒なら、何、一年だって一日だって同じだろうと思ってしまう。それで右にかかげた式にただ数字を当てはめてゆく。答えが出る。家から一キロメートルをいつも一〇分なら、答えはその一〇分の一だ。

が、賢治はそんな答えは認めない。

「早足で歩く日と、ゆっくりゆく日もあるだろう。考えてみよう」とくる。

友だちと途中であったり、やたらに小便をする日があったり、雨が降り出して雨宿りしたり、雪の日だったらもっと遅い。忘れものをして駆け戻る日だってある。

生徒たちは一人一人自分に帰って、それを考える。

そうしてさっきの分数にそれを加味してゆく。新しい分数を横並びにとめどなく足してゆくのである。

現実にその作業を賢治はやらせる。

そして、そうした分子の項目をたくさん思い出してそこに書くことが出来れば出来るほど生徒は評価される。競争で生徒らはそれをやらせられる。

その作業の中で生徒らは、限りなく正確さに近づくという喜びを感じる。

一見無味乾燥そうに見える、分子÷分母という式にも、実はそんな「心」の軌跡があるのだということを、賢治は教えたいのである。

また、教え子たちはこんな話もしている。

「賢治は、『先生の話は一生懸命に聞くこと、大事なことは身体に沁みこむまで何回でも教えます。詰め込みでは何も理解できません』を繰り返し生徒達に言い、授業では、しばしば生徒を現場に連れていって、目で見えるように教えた。だから生徒達は教わった内容は生涯忘れなかった。」

◇**ドイツの小学校の教育**

次に、ドイツの教育の様子を紹介したい。ドイツ文学者の小塩節氏が長年のドイツ生活で見聞したことを著した著書『ドイツに学ぶ自立的人間のしつけ』（あすなろ書房、一九八八）の中にこんなドイツの小学校の様子が紹介されている。

「ことばづかい、前置詞の用法（日本語で言えば「学校へ行く」と「学校に行く」に類すること）を正し、文体をなおし、論理の組み立て方をうまくなおしてやるのである。あくまで自分の頭で考え、自分の論理として構築させる。だから気が遠くなるぐらい、ゆっくり丁寧に進む。数学などは日本の子どもの方がずっと早く定理をのみこみ、応用能力が早い。しかし、物を考え、表現する基礎はドイツの子の方が、一見遅いのだがしっかり身につけていく。それが大きくなってから、たいへんな力を発揮する。」

宮沢賢治の授業からもドイツの小学校の授業からも、教師が指導に自信を持って、子供たちに基礎・基本を徹底して身に付けさせようとしている雰囲気が伝わってくる。

②　自らの考えを持ち自らの言葉で表現する力を培う

我が国の子供たちは「自立性」や「自らの考えを持ち自分の言葉で表現する力」という点で課題のあることがしばしば指摘される。同様のことは、中央教育審議会の答申においても指摘されている。

のちに紹介するドイツやアメリカをはじめ欧米の各国では、こうした「自立性」や「自らの考えを持ち自らの言葉で表現する力」の育成が教育の最重要課題として取り組まれているのである。

このことに関して、小塩氏は、前掲書において次のようにコメントしている。

「ヨーロッパ各国はどこでもそうなのだが、大量の知識をできるだけたくさん、しかもできるだけ速く頭に詰め込むことではなくて、いかにして自立的に自分で考え、自分の言葉で意志・意見を表現できるか、が問われるのである。教育の目標は、批判的精神を持った自立的人間の形成なのである。」

「どんなことについても自分の意見を持つ。自分のことばで表現し、論理的に書き、口頭発表ができなくてはいけない。そうなってこそ人間と言えるのである。そのためにはむろん基礎的知識が必要だし知的訓練も要る。しかし知識は知識だけで尊いのではない。覚えた単語の数がどれくらい多くとも、それだけではちっとも評価されない。日本の入試英語のような難解きわまる問題の訳出などは問われない。自分が有機的に摂取した知識を使ってどう自己表現をするか、それがはかられる。能動的に、世界に対して自分を押し出していく能力が評価される。」

中央教育審議会が「生きる力」を教育の目指すべきものとして提言したのは、子供たちにこうした力を育成することの重要性を痛感してのことに外ならない。

すでに我が国においても、こうした教育の重要性は十分に認識されてきたはずである。しかし現状になお課題を残しているのは、家庭や社会のこうした面の教育に対する理解認識の問題とともに、学校教育において、自立を促す観点に立った指導が十分に行われてこなかったことに大きな要因があるように思われる。そしてその理由の一つは、そうした指導に時間をかける「ゆとり」がなかったことがあるように思われるのである。

しかし、「ゆとり教育」においては、こうした指導にも十分に時間をかけることができる。

「自立性」や「自らの考えを持ち自らの言葉で表現する力」を育むためにどのような指導を行うか、その方法は様々である。ドイツやアメリカの例を見てもその指導の方法は多様である。しかし、共通していることは、何よりも教師がその重要性を認識し、明確な意思を持って時間をかけて忍耐強く指導に当たっているということである。同時に、ドイツやアメリカの例などを見ると、子どもたちが自分の考えを文章に書く、意見を発表する、討論をするなど、子供たちにそうした力を鍛える場面を意図的に設定して、指導に当たっているように思われる。

また、アメリカの中学校の例に見られるように、子供が自ら考え、調べ、試行錯誤を繰り返して、解決策を見いだそうとしているとき、その子供なりの結論を出すまで教師が忍耐強く「待つ」ことも、「自主性」を育むために必要なことと思われる。

我が国の国民性であろうか、授業で子供たちは、他から愚問と思われることを恐れて質問することを躊躇し、分からないまま過ごしてしまうことが多い。教師の説明に分からないことがあったとき、得心がいくまで質問ができるような学級を作ることもまた必要なことと言えよう。授業は子供たち自身のためにあるのである。こうした子供たちの消極的な行動姿勢を改めていくことは、我が国の子供たちに「自立性」や「自らの考えを持ち自らの言葉で表現する力」を育む意味でも、これからの我が国の教育の重要な課題のように思われる。

そして、「ゆとり教育」においては、こうした指導にもじっくりと取り組むことができるようになることが期待されていたのである。

◇ドイツの小学校の教育

前掲の著書の中で小塩氏は、ドイツの教育を「自分のことばで自己主張することを重んじる学校教育」として、次のように紹介している。

「子どもたちは、小学校のときからまずまとまった文章の聞きとり（ヒアリング）をする。何を言っているのかを耳で聞いて理解する。理解したことを口頭で発表させられる。次いで書きとり（ディクテイション）に進む。この段階では、文字、単語、句読点を含む文章を正確に書けなくてはいけない。同時に、読本のひとつひとつのまとまった文章を、クラスで討論しながら読んで、そのあとで内容のまとめを書く練習をする。どう感じたかという感想文ではない。何が書いてあったかを、幼稚であっても自分でまとめ、自分のことばで書く。

書いた文章は、ノートごと先生に提出し、先生は真っ赤に朱を入れてなおして返す。先生の仕事は大変だ。同時に、よい文章は読み上げたり、口頭発表をしたりする。それについてみんなで討論する。小学生でも盛んに討論する。」

子供たちが、小学生のときから、いかに「自らの考えを持ち自らの言葉で表現する力」を育むために徹底した指導を受けているか、教室の風景が目に浮かんでくるようだ。

小塩氏はこうしたドイツの子供たちの教育の様子を見て、「物を考え、表現する基礎はドイツの子の方が、一見遅いのだがしっかり身につけていく。それが大きくなってから、たいへんな力を発揮する」と記されていることは先に紹介したが、さらに前掲書において次のような経験談を紹介されている。

ある時、私はドイツの大学のゼミナールに参加していた。日本のT大学の有名な教授も加わっていた。ただ、その教授は二時間のあいだ静かに討論を聴いていた。ゼミが終わったとき、ひとりの女子学生が、私にそっと真顔で聞いた。

「あの日本人はインテリジェンス（知性、知力）がないんでしょうか」

この逸話は、これからの我が国の教育を考えるとき、極めて重要な課題を提示しているように思われるのである。

◇アメリカの中学校の例

次に、アメリカの中学校の例を紹介したい（安彦忠彦著『よみがえるアメリカの中学校』有斐閣、一九八七）。

著者の安彦氏は一年間この学校に入って、中学生の学校生活を体験した。中学生たちが学年の当初、教師と相談しながら、長い生徒は二週間もかけて各自の時間割を作っていく様子を紹介し、次のようにコメントされている。

「ミドル・スクールでは、『子どもが自分でなすべきことをするかどうかは、子ども自身に責任があり、そのための責任遂行能力は、時間がかかっても育てるべきものである』と見られている。日本のように、『子どもは責任ある行動をとる力がないから、いちいち指図しなければならない』とは見られていないわけである。」

「ミドル・スクールには、子どもの自主的責任意識の育つのを『待つ』という『ゆとり』が認められる。そのことの方が、授業の能率よりも優先されているのである。」

ドイツとアメリカそれぞれに指導の方法は異なっても、「自立した人間」「自らの考えを持ち自らの言葉で表現する力」を育むために時間をかけた指導が行われていることが分かる。

③　子供一人一人のより深い理解に立った指導を行う

学習指導要領は、指導に当たっての配慮事項として「児童生徒のよい点や進歩の状況などを積極的に評価する」ことを挙げている。

これまでも教師は、慌ただしい学校生活の中でできるだけ子供たちと触れ合う時間を取り、一人一人の子供について深い理解と「よい点」「進歩の状況」などの評価に努めてきたはずである。しかし、慌ただしさゆえにそれが十分に実行できないままに来た、それが多くの教師の実感ではないだろうか。「ゆとり教育」はこうした現状を改革しようとしたものである。そして教師と子供たちとの触れ合う時間が十分に確保される中で、子供たちも、教師が自分を大切に思って指導してくれているとの確信が持てるようになれば、子供たちはその教師を信頼し尊敬して指導について行くのである。このことは必ずや子供たちの学習意欲を高め学習成果を上げることにつながる。教師と子供たちとの信頼関係の構築は教育が成果を上げるための大前提なのである。

子供たちの多くが理解していないと判断したら、教師は先に進むことを止めて、戻って復習する、「ゆとり教育」では、時間に追われその必要性に気付きながら、なかなか実行できなかったこうした指導もできるようになるであろう。

日ごろからの深い理解の上に立った教師の指導の積み重ねが、教師と子供たちとの信頼関係を築き、単に授業の成果を上げることにとどまらず、学校生活全体の教育の質を上げ成果を上げることにもなるのである。

◇宮沢賢治の話

前掲の著書の中で、畑山氏は、ある教え子が賢治の授業を初めて受けた時の様子を紹介している。その教え子は学校に遅れて通い始めたため不安を抱えながら初めて登校した。

「私は家の都合で一週間遅れて学校に出掛けたのです。第一時限目は、物理の白富士先生が休みで、代わりに宮沢先生が来られたのです。第一時限目であるので、出席をとられました。生徒の名前を次々に呼んで、私のところへ来た時、先生は出欠簿から目を離して、にっこり笑いました。そして、こう言ってくれたのです。『根子君、一週間ばかり遅れても心配ないよ。分からないことがあったら、化学室へ聞きにくればいつでも教えてあげる。』

私はじゃんじゃん先生のいる化学室へ聞きに行きました。」

この教え子は、賢治のこの温かい言葉かけで一気に不安をなくし、この学校でこの先生に指導を受けようと心を強く持ったに違いない。

もう一つ、別の教え子の話である。賢治が一人一人の教え子をよく把握して指導に当たっていたことがよく分かる。

「私の試験では、最重要なところさえちゃんと分かっていれば、他はどうでも落第させませんから。……

それで、わたしは一度白紙で出したことがありましたが、化学のテストのときでしたが、ちょこっと脇へ呼ばれて分子式のことなど訊かれて答えたら四〇点をくれました。賢治先生という方はそういう先生だったんです。」

また、こんなふうに語る教え子もいる。

「賢治先生は、いっぱい生徒たちがいる中で、一人としてないがしろにしませんでした。一人一人個別に向けてというのではないが、それに真正面からというのでもないが、誰もが、見抜かれているという感じを持たせられたものでした。」

賢治が授業の雰囲気を良くつかんで指導に当たっていたことが分かるこんな話をする教え子もいる。子供たち一人一人の状況を的確に把握し、子供たちの気持ちをよくつかんでいるからできる授業の進行ぶりが目に浮かんでくる。

それは代数の授業でのことである。生徒に思いつく事例を出させて、いよいよ具象から抽象へと指導を進めようとしたとき、生徒の間に緊張感が漂ったのを察知して賢治は、すべてを見透かしたように、こんなジョークを飛ばしたというのである。

「さて、さて、さて分かったな。こうして学問にはいろいろな式が出てきます。諸君がこれまでに習って知っているものだけでも、方程式、分子式、化学方程式……もうないかな……そう、あるある、ある。もう一つあった。卒業式だな」

生徒たちはどっと笑い出す。

笑いながらもしかも、方程式と卒業式というものを一緒に土俵にのせてもいいのだという自由な学問空間を知るのだという。

教える側にゆとりがあればこその授業風景である。授業はゆったりと進みながら、どの教え子も学んだことを忘れていないと語っているのである。教師と子供たちが強い信頼関係をもって行われる授業がいかに教育の実を上げるものかということが分かるというものである。

第四章　中央教育審議会の審議はこのように行われた

ここで、中央教育審議会での審議から学習指導要領の改訂まで、どのような経過を経て「ゆとり教育」の構想が完成に至ったかを振り返っておこう。

まず、中央教育審議会である。

◇中央教育審議会の審議経過

中央教育審議会は、平成七（一九九五）年四月二六日、総会が開催され審議が始まった。審議会の委員は、巻末資料8のとおりである。

その日、与謝野馨文部大臣から「二一世紀を展望した我が国の教育の在り方について」諮問された。諮問事項は、次のようなものであった（諮問文は、巻末資料7のとおりである）。

(1)　今後における教育の在り方及び学校・家庭・地域社会の役割と連携の在り方

(2)　一人一人の能力・適性に応じた教育と学校間の接続の改善
(3)　国際化、情報化、科学技術の発展等社会の変化に対応する教育の在り方

審議会は、平成七（一九九五）年四月二六日に第一回を開催して以降五回の総会を開いた後、九月からは、(1)と(3)に関して二つの小委員会に分かれて審議を行った。(1)「今後における教育の在り方及び学校・家庭・地域社会の役割と連携の在り方」に関しては第一小委員会が、(3)「国際化、情報化、科学技術の発展等社会の変化に対応する教育の在り方」に関しては第二小委員会が担当した。

また、(2)「一人一人の能力・適性に応じた教育と学校間の接続の改善」の議題については、(1)と(3)の議題について「答申」を出した後、直ちに審議を行うこととした。

我が国の教育に影を落としている過度な受験競争の現状を考えると、入試をどう改善するかなどの(3)の議題も検討を急ぐ必要があるが、学校教育の基本的な枠組みを変更することとなる学校週五日制の在り方や学習指導要領改訂の基本的な方向についても速やかに決定する必要があった。

そこで、審議会としては、まずこの議題の審議を先行させ、その後、直ちに大学・高等学校の入試改革などの(3)の議題について審議を行い、これを第二次答申で示すこととしたのである。

こうして審議会が先ず審議を集中させたのは、子供たちの現状をどう見るかということだった。これからの我が国の教育を検討するに当たっては、何よりも、子供たちの現状を踏まえることが重要だからである。

そして、審議会は、今後の我が国の教育が目指すべきものとして「生きる力」を育むこと、そのため

には多くの知識を教え込む教育を改め「ゆとり教育」を実現する必要があること、その教育を実現するためには「教育内容の厳選」が不可欠であることへと審議を進めていった。また、教育活動として「社会の変化に対応する教育」の在り方について審議を行うとともに「生きる力」を育む手だてとして横断的・総合的な「総合的な学習の時間」の創設を提案することとした。

懸案となっていた学校週五日制については、これからの教育は従来以上に学校・家庭・地域社会が連携協力して行われるべきであるとの観点から、完全学校週五日制を実施することを答申に盛り込むこととされた。

審議会としての基本的な方向が固まった後、審議会は二つの小委員会に分かれてより詳細な審議を行った。また、小委員会の審議が開始された九月から一一月まで、全国に呼びかけて提言募集が行われた。平成八（一九九六）年三月、各小委員会の審議がまとまると、その結果は統合されて「審議のまとめ」案が作成され、同年三月二一日以降はこの「審議のまとめ」案に基づいて審議が行われた。「審議のまとめ」は平成八（一九九六）年六月一八日の総会で決定され公表された。その後「審議のまとめ」に対する関係団体のヒアリング、審議会の審議を経て、同年七月一九日、第一次答申が文部大臣に提出されたのである。

◇「答申」はこのようなものだった

◇生きる力

我が国の子供たちに最も必要なものは、いかに社会が変化しようと適切に対応できるように自ら考え判断するなどの「生きる力」であり、この「生きる力」を育むことこそ、我が国の教育が目指すべきものである。学校は、生涯学習の基礎としてこの「生きる力」を育む場にならなければならない。

◇**ゆとりのある教育**

「生きる力」は、教師にも子供にも「ゆとり」のある環境の中で育まれる。教師が一方的に教え込む教育、慌ただしく進んでいくような授業では「生きる力」を育むことはできない。「生きる力」を育むには、時間的にも精神的にもゆとりをもった指導と学習が必要なのである。学力の評価を知識の量の多少による評価から「生きる力」を身に付けているかどうかによる評価に転換する必要がある。

また、「生きる力」が全人的な力であることを踏まえ、新たな手だてとして、既存の各教科に加えて横断的・総合的な指導の時間「総合的な学習の時間」の創設を提案する。

◇**教育内容の厳選**

教育課程の基準などによって多くの教育内容を指導することが教師に求められる状況では「ゆとり教育」は実現しない。こうした状況を改め、教師が、時間をかけて丁寧に、また専門性と創意工夫を存分に発揮して指導できるようにするとともに、子供たちが自ら考えたり調べたり繰り返し学習したりできるような授業を実現するため、「教育内容の厳選」を行う。

◇**総合的な学習の時間**

「生きる力」を育む指導がより円滑に行われるよう新しい領域として「総合的な学習の時間」を創設する。各教科等とは別に指導時間を確保し、国際理解、情報、環境などの活動、課題学習、体験的な学習、教科横断的な学習など、学校の創意工夫を生かした活動の展開が期待される。

なお、「総合的な学習の時間」の創設によって学校の授業時間数を増やすこととならないよう、この時間の授業時間は、既存の教科等の授業時間・教育内容を厳選することによって生み出すこととする。

◇社会の変化に対応する教育

「時代を超えて変わらない価値のあるもの」（不易）を大切にしつつ「時代の変化とともに変えていく必要があるもの」（流行）に適切に対応していく教育を進めていく必要がある。審議会は、その例として、国際化、情報化、科学技術の発展、環境問題などの教育の在り方について考えを示すが、その教育は、多くの知識を教え込むのではなく、「ゆとり教育」を通して、子供たちが基礎・基本をしっかり身に付けるとともに、子供たちの様々な事物・事象への興味・関心、知的好奇心などを高め、学習意欲を向上させることとの指導に力を注ぐことが重要である。

（中央教育審議会の「社会の変化に対応した教育」に関する「答申」の概要は、巻末資料9のとおりである。）

◇完全学校週五日制

家庭や社会には、学校にはない家庭での触れ合い、自然体験・社会体験などを通した様々な教育機能がある。子供たちの教育は、学校・家庭・地域社会がそれぞれの教育の役割を果たしながら連携協力して当たることでより成果を上げることができ、「生きる力」はより豊かに育まれていく。このような考え方に立って完全学校週五日制を実施する。

◇将来の教科の再編・統合等を調査審議する常設の委員会の設置

教科等の構成の在り方については、学校教育に対する新たな社会的要請、環境の変化、最新の学問の成果等を踏まえて不断に見直していく必要がある。このため、教育課程審議会に、教科の再編・統合を含めた将来の教科等の構成の在り方を継続的に調査審議する常設の委員会を設けることとする。

◇審議会はこのような「目指すべき学校像」を示した

中央教育審議会は、「真の学び舎」として次のような「目指すべき学校像」を示した。

①「ゆとり」のある教育環境で「ゆとり」のある教育活動を展開する。そして、子供たち一人一人が大切にされ、教員や仲間と楽しく学び合い活動する中で、存在感や自己実現の喜びを実感しつつ、「生きる力」を身に付けていく。

② 教育内容を基礎・基本に絞り、分かりやすく、学習意欲を高める指導を行って、その確実な習得に努めるとともに、個性を生かした教育を重視する。

③ 子供たちを、一つの物差しではなく、多元的な多様な物差しで見、子供たち一人一人のよさや可能性を見いだし、それを伸ばすという視点を重視する。

④ 豊かな人間性と専門的な知識・技術や幅広い教養を基盤とする実践的な指導力を備えた教員によって、子供たちに「生きる力」を育んでいく。

⑤ 子供たちにとって共に学習する場であると同時に共に生活する場として、「ゆとり」があり、高い機能を備えた教育環境を確保する。

⑥ 地域や学校、子供たちの実態に応じ、創意工夫を活かし特色ある教育活動を展開する。

⑦ 家庭や地域社会との連携を進め、家庭や地域社会とともに子供たちを育成する開かれた学校となる。

◇審議会はこのような思いを強く持っていた

審議会に出席しながら、審議会は次のような思いを持っていることを強く感じた。すなわち、

——今、教師も子供たちも慌ただしい学校生活を送っている。これが我が国の教育の最大の問題であり、時間的・精神的な余裕、すなわち「ゆとり」をもった教えと学び、このことが今最も必要である。

——子供たちの学力を向上させるには、本当に分かったという学びの積み重ねが必要であって、中途半端な理解では、学習の楽しさを生まないし、学力の向上にもつながらない。

——教師の教えることを聞いて覚えるだけの授業ではなく、子供たちが自ら試行錯誤を繰り返して答えを発見し、分かったと確信した時の成就感・達成感を味わえるような授業にしてやりたい。このことで子供たちは学ぶことの楽しさ面白さを知る。学校が楽しい場所になり学ぶことが楽しくなれば、我が国の子供たちに欠けていると言われる自分への自信も付き、学習意欲も高まっていく。そうすれば我が国の子供たちは鬼に金棒なのである。

——「教育内容」を厳選しても、基礎・基本を徹底して身に付け、真に分かる学びが積み重なっていけば確実に学力を向上させる道につながる。「生きる力」の育成にはこのことが最も重要なのだ。

——我が国の子供たちをのびのびと成長させたい、そのためには学校も社会ももっと「ゆとり」を持ち、腰を据えて子供たちの成長を見守り成長を促していこうではないか。今、我が国の社会は、余りにも過度に他人の眼や従来のいきさつや面子にとらわれた社会になっており、子供も保護者も学校での成績に過度にとらわれて神経をすり減らしている。

——子供たちは学校教育だけではなく家庭や地域社会での触れ合いや実体験を経ながらより豊かに成長

していく。学校教育の重要性は変わらないにしても子供たちの教育は学校・家庭・地域社会がもっと連携協力することで、もっとのびのびとした毎日を過ごすことができるようになるのだ。今日、我が国はあまりにも教育を学校中心に考え、その結果学校が肥大化した社会になっている。これでは学歴偏重の社会を打破できない。

発言の端々から、どの委員もこんな思いを強く抱いていたように思った。

完全学校週五日制を採用しようという提言は、こうした考え方から自然に導かれた結論であったように思われる。

教育・研究はじめ各分野で長い経験を積み優れた業績を上げてこられた委員たちだけに、それぞれの発言に子供たちへの温かい激励のメッセージが込められていることも強く感じたことである。

第五章　教育課程審議会の審議はこのように行われた

中央教育審議会の答申が出され、それを踏まえていよいよ教育課程審議会の審議が始まった。

◇これまでとは異なった教育課程審議会の任務

中央教育審議会は、完全学校週五日制の実施、「総合的な学習の時間」の創設、教育内容の厳選などの基本的な方針を答申したが、これらを具体的にどのように実施するかは教育課程審議会に委ねられた。

完全学校週五日制の実施に関しては、これまでの土曜日の授業を完全に削減するのか、他の曜日に移して行うこととするのか、また、「総合的な学習の時間」についても横断的・総合的な指導を行うことは示されたが、その授業に何時間充てるのかは決まっていない。これらの検討は教育課程審議会に委ねられたのである。

これまでは、学習指導要領実施後およそ一〇年に一度、社会の変化や子供たちの学習状況などを踏まえて、教育課程の改訂について審議し答申するのが教育課程審議会の任務だった。

それが、平成八（一九九六）年の教育課程審議会には、中央教育審議会の答申を踏まえた新たな検討課題への対応を含めて、教育課程の基準をどう改訂するかという大きな任務が課されたのである。

◇教育課程審議会の審議経過

教育課程審議会は、平成八（一九九六）年八月二七日、総会が開催され審議が始まった。審議会の委員は、巻末資料11のとおりである。

その日、奥田幹生文部大臣から教育課程審議会三浦朱門会長に「幼稚園、小学校、中学校、高等学校、盲学校、聾学校及び養護学校の教育課程の基準の改善について」諮問された。諮問事項は、次のようなものであった（諮問文は、巻末資料10のとおりである）。

次のような観点に配慮しつつ、完全学校週五日制の下で、各学校がゆとりのある教育活動を展開し、一人一人の幼児児童生徒に「生きる力」を育成するための教育内容の在り方を検討する。

(1) 自ら学び、自ら考える力などを育み、創造性を育てること。
(2) 一人一人の個性を生かし、豊かな人間性を育てること。
(3) 基礎・基本の指導の徹底を図ること。

(4) 社会の変化に適切に対応すること。

(5) 各学校段階を通じて、調和と統一を図ること。

審議会の審議は、初等中等教育が直面している様々な問題、学校の授業の実態などの率直な自由討議で始まった。続いて、初等中等教育全体の現状と課題、学校段階ごと・教科等ごとの現状と課題などについて審議を行いながら、学校週五日制の実施に伴ってなくなる土曜日の授業の今後の扱い、新たに設置される「総合的な学習の時間」の授業時数、既存の各教科等の授業時数など、教育課程の基本的な枠組みをどうするかについて審議が重ねられた。

こうして教育課程の基本的な枠組みについてその扱いを決定すると、審議会の審議は、各教科等の授業時数・教育内容の改訂方針、教育内容の厳選の在り方へと進んでいった。

◇「中間まとめ」の公表・分科審議会の審議

教育課程審議会は、平成八（一九九六）年八月二七日に開始して以降二九回の総会を開催し、それまでの審議結果を「中間まとめ」として、平成九（一九九七）年一一月一七日、公表した。この「中間まとめ」に対しては、同年一二月から平成一〇（一九九八）年一月まで、意見募集が行われた。

各教科等の授業時数の配当方針が決定されたのを受けて、「中間まとめ」公表後は、教科等ごとの教育内容の改訂・厳選についての具体的な審議が行われていった。

審議会は、幼稚園と小学校を担当する初等教育教育課程分科審議会、中学校を担当する中学校教育課程分科審議会、高等学校を担当する高等学校教育課程分科審議会、特別支援学校を担当する特別支援学校教育部会を設置し、それぞれの担当分野に分かれて審議を行う形がとられた。

そして、分科審議会・部会の審議は、学校種ごとの各教科・道徳・特別活動等の教育内容の課題・改訂案について専門分野ごとの細部にわたる審議を行うことになることから、各分科審議会・部会の下に各教科・道徳・特別活動の委員会が設けられ、各分科審議会の審議を支援する体制がとられた。また、幼稚園や新たに創設されることとなった「総合的な学習の時間」については、別に特別委員会・部会を設けて、分科審議会・部会の審議を支援した。これらの専門委員会・特別委員会・部会には、学校種、教科等ごとに全国の教師、指導主事などの専門家が協力者として参加した。

◇関係審議会・協力者会議などの協力

これらの審議と並行して理科教育・産業教育・幼稚園教育・高等学校教育・特別支援教育・情報教育などの審議会・協力者会議が開かれ、そこでの審議結果は教育課程審議会に報告されて同審議会の審議に生かされた。

分科審議会・部会ごとの審議結果は「審議のまとめ」に統合され、総会での審議を経て、平成一〇（一九九八）年七月二九日、「答申」が町村信孝文部大臣に提出された。

◇「答申」はこのようなものだった

◇教育課程の基本的な枠組み

①　完全学校週五日制の実施に伴う土曜日の授業の扱い

これまで土曜日に行われていた授業の時間については、すべて削減し、他の曜日の教育活動に影響させないこととした。この結果、小学校・中学校の授業時数は、週当たり二単位時間削減されることとなった。

②「総合的な学習の時間」の授業時数等

「総合的な学習の時間」について、「生きる力」を育むために中央教育審議会から提案された趣旨を踏まえて、そのねらい・内容・授業時数などの具体的な構想案について、時間をかけた審議が行われた。

審議の結果、「総合的な学習の時間」のねらいを「横断的・総合的」な指導だけでなく、「各学校の創意工夫を活かした指導の時間」を加えたものに拡げるとともに、その授業時数は、既存の各教科の授業時間との均衡にも配慮しながら、最低二時間の授業時数を充てることとした。また、その具体的な時数は、小学校・中学校それぞれに設定することとした。

③各教科等の総授業時数

こうして、完全学校週五日制の実施に伴う土曜日の授業の二時間削減と「総合的な学習の時間」に充てられる二時間余の合計時間を縮減した時間数で、小学校・中学校の各教科・道徳・特別活動の授業時数を配当することが決定した。

◇各教科等の授業時数の配当方針

教育課程の基本的な枠組みの決定に続いて、教育課程審議会は、これまでの教育の経験を踏まえつつ、「生きる力」の育成という観点から、小学校・中学校ごとの各教科の授業時数の配分について慎重な審議を行い、各教科等の授業時数案を決定した。（各教科等の授業時数案は、平成九〈一九九七〉年一一月一七日の「中間まとめ」において公表し、教育関係者はじめ広く人々の意見を求めた。）

◇教育内容の厳選の基本方針

中央教育審議会と同様、教育内容に関しては、教育課程審議会も覚えることに追われている子供たちの現状に強い懸念をいだき、すでに過重になっているとの認識だった。

そして、完全学校週五日制の実施や「総合的な学習の時間」の創設によって各教科等への配当授業時数が四時間余減少することに比例して教育内容を減らすだけでは不十分であり、教育内容については子供たちが社会生活を営む上で真に必要なものに限るよう徹底した厳選を行うべきであることが提言された。

（教育内容の厳選の在り方について重ねられた審議の結果については、各教科等の厳選例が「中間まとめ」において公表された。）

教育課程審議会の学校教育の現状に対する懸念には、中央教育審議会と同様、極めて強いものがあった。委員からは学校の実態、子供たちの実態を踏まえた率直な意見が飛び交った。子供たちに健やかに育っていってほしいという教育課程審議会の願いは、答申の中で示された次のような望ましい学校像に現れている。

◇審議会はこのような「望ましい学校像」を示した

学校は子供たちにとってのびのびと過ごせる楽しい場でなければならない。子供たちが自分の興味・関心のあることにじっくり取り組める「ゆとり」がなければならない。また、分かりやすい授業が展開され、分からないことが自然に分からないと言え、学習につまずいたり、試行錯誤したりすることが当然のこととして受け入れられる学校でなければならない。

そしてこう続ける。

そのためには、その基盤として、子供たちの好ましい人間関係や子供たちと教師との信頼関係が確立し、学級の雰囲気も温かく、子供たちが安心して自分の力を発揮できるような場でなければならない。このような教育環境の中で、教科の授業だけでなく、学校でのすべての生活を通して、子供たちが友達や教師とともに学び合い活動する中で、自分がかけがえのない一人の人間として大切にされ、頼りにされていることを実感でき、存在感と自己実現の喜びを味わうことができることが大切である。

また、子供たちの学校生活は、登校してから下校するまでの様々な活動で成り立っている。各教科等の授業を中心に、例えば、始業前の時間、休み時間、また、授業終了後の放課後に、友達同士の自由な遊びがあり、部活動があり、また、読書など一人一人思い思いの過ごし方をする時間がある。こうした子供たちの主体的な活動は、子供たちにとって極めて大きな意義を持っている。各学校は子供たちがのびのびとこうした活動で過ごせるよう様々な工夫を凝らしてほしい。

◇審議会はこのような思いを強く持っていた

審議会に出席しながら、審議会は次のような思いを持っていることを強く感じた。

すなわち、

――「望ましい学校像」で描いたような学校を実現するためには、各学校が創意工夫を生かした教育活動を展開していくことが特に重要だ。家庭を別にすれば、子供たちのことを一番知っているのは教師である。その教師が子供たちの状況に応じて指導力を存分に発揮し、子供たちが真に分かる授業を行えるようにする、国はこうした環境を用意する責任がある。

――そのためには、教育課程の基準の緩和によって、各学校がそれぞれの教育の思いを最大限発揮できるようにすることが不可欠だ。

――どんなに多くのことを教えても、その内容や学ぶ意義を子供たちが理解していないのでは、単に授業を聴いただけということで、真の力を身に付けたことにはならない。教育内容の厳選を躊躇し、過重な教育内容をそのままにしておいてはならない。子供が分かっても分からなくても進めていくような授業の現状は速やかに改めなければならない。

厳選によって教育内容を削減した分、子供たちが教育内容をしっかりと理解し、身に付け、生きて働かせることができれば、楽しさも加わって子供たちの興味・関心も学習意欲もどんどん高まっていく。そうなれば、削減された分を越えて、子供たちは自らの力でこれまで以上の学力を身に付け、「生きる力」を育んでいくのである。

――「ゆとり教育」で、それは実現できる。

審議会の委員たちの思いは、いま、我が国の子供たち、教師たちが、時間的にも精神的にも「ゆとり」を失っているとの強い危機感を抱いているように感じた。それだけに発言の一つ一つに強く響くものがあった。
特に「教育内容の厳選」を望む思いは、ひとしお強いものがあったように思われる。

第六章　学習指導要領の改訂のポイントはこのようなものであった

学習指導要領の改訂は、平成一〇（一九九八）年一二月一四日告示された。

それは中央教育審議会と教育課程審議会の答申を踏まえ、学校週五日制の下、「ゆとり教育」を通して子供たちが自ら考え判断する「生きる力」を十分に育み、自立した豊かな人間として生きていく力を身に付ける教育の実現を目指すものであった。そして、新学習指導要領の趣旨・考え方・内容などを学校や広く社会に周知し、教科書の編集・検定・採択・供給するための移行期間を経て、平成一四（二〇〇二）年四月一日実施されたのである。

(1)　学習指導要領の改訂に当っては、特に次の二つのことに留意した

学習指導要領の改訂は、通例、教育課程審議会の答申を踏まえて行われるが、上述のとおり、平成一〇（一九九八）年の改訂は、その前に中央教育審議会の審議が行われ、その答申に示された基本方針を踏まえて教育課程審議会の「答申」が出されたので、学習指導要領の改訂作業は、これら二つの審議会の答申の精神を尊重してどのように規定化するかに留意して行われた。

中でも、特に留意したことは次の二つのことであった。

①「生きる力」の育成を目指す「ゆとり教育」を実施するための教育課程の基準を示す

「ゆとり教育」の実施によって「生きる力」を育成するという理念・ねらいは、両審議会の「答申」の中核をなすものであった。この基本的な考え方を最大限尊重して法規である学習指導要領を作成することは、改訂作業全体の最重要の課題であった。

特に、「生きる力」の育成に資する規定をどのように盛り込むか、「教育内容の厳選」をいかに適切に行うかということには力を傾注した。

その結果、例えば、「生きる力」の育成に関しては、各教科等の特性を踏まえながら、実験・観察などの体験的活動の促進、自ら調べ・意見を述べたり発表したりするなどの活動、話し合いや討論等の活動など子供たちの学習の活発化を促す規定を各教科等に積極的に取り入れた。

こうして、これまでの教師が教え、子供たちは受け身的に覚えることを基調とした授業を転換させ、子供たちが自ら学ぶ意欲や主体的に学ぶ力を身に付ける授業を基調とするように努めたのである。

「教育内容の厳選」に関しては、両審議会からその必要性が強く指摘されていたことであったが、その趣旨を踏まえながら、第二章で述べたように各学年間・教科間の連携、上学年への移行、取扱いの軽減、柔軟化など様々な方法を検討し工夫を行いながら「教育内容の厳選」を誤りなく規定化し、各学校・教師の教育活動に支障が生ずることのないように心を砕いた。

②各学校が創意工夫を最大限発揮して教育を行える教育課程の基準を示す

このことに関しては、教育課程審議会から特に次のような指摘がなされていた。

ア　現在、国の審議会では、国、地方公共団体、学校等を通じた地方教育行政制度全体について見直しが検討されているが、その中では、学校の自主性・自律性を確立し、教育委員会は学校の自主的取組を支援することに重点を置き、国は教育委員会の主体的な取組を一層重視する方向の検討が行われている。

イ　各学校の創意工夫を生かした指導が一層行われるようにするとともに、児童生徒の主体的な学習を促す観点から、学習指導要領における各教科・科目の内容の示し方については、教育内容の厳選や基礎・基本の明確化に努める必要がある。

ウ　学校段階や教科等の特質に応じて、目標や内容を複数学年まとめて示したり、各学校がその特色に応じ、また、児童生徒がその興味・関心等に応じ、選択できる幅を広げたりするなどの大綱化や弾力化を図る必要がある。

教育課程審議会のこうした指摘にもあるように、教育が成果を上げるためには、各学校・教師による創意工夫・専門性を発揮した指導が不可欠であり、「ゆとり教育」の成否も教師たちが存分に指導に力を注げる時間的・精神的な「ゆとり」を実際に持てるかどうかにかかっている。

このような考え方に立って例えば、多くの教科で教育内容を複数学年で示し、子供たちの学習状況を踏まえて最もふさわしい時期や指導方法が教師の判断で行えることとした。また、これまで国が教育内容の扱いについて示していた規定をできる限り軽減または削除し、教師の判断を尊重して柔軟な指導が行えるようにした。

学習指導要領には、学校や教師が教育を行う際の配慮事項が示されているが、それも最小限度の内容に留め、どのような教育方法で教育を行うかは、あくまで教師が判断するものだとの考えに基づいて、配慮事項・留意事項などの規定はできる限り抑制したものとした。

必要があれば、それは学習指導要領においてではなく、指導資料、手引書などによって、その考え方、実施方法、留意点などを参考資料として提供し、教師の判断を大切にするという方針を採ったのである。

(2)　各学校の授業時数は、このように決定された

小学校の年間標準授業時数・各教科等の授業時数は、教育課程審議会の答申を踏まえ、六六頁の上の表のように定められた。

改訂前は、同頁の下の表のとおりであった。

また、中学校については、六七頁の上の表のように定められた。

改訂前は、同頁の下の表のとおりであった。

これらの表が示すとおり、改訂後の学習指導要領は小学校、中学校を通じて、総授業時数・各教科の授業時数ともに減少している。完全学校週五日制を実施し「総合的な学習の時間」を創設したことによるものである。

なお、中央教育審議会では、小学校における外国語教育の在り方についても審議が行われ、その考え方を「答申」に示した。そしてこの答申の考え方を踏まえ、平成一〇（一九九八）年の学習指導要領の改訂では、小学校で教科として外国語教育を実施する方策を採用しなかったのである。

「答申」に示された考え方は、次のとおりであった。

（小学校　改訂後）

区分	各教科の授業時数									道徳の授業時数	特別活動の授業時数	総合的な学習の時間の授業時数	総授業時数
	国語	社会	算数	理科	生活	音楽	図画工作	家庭	体育				
第１学年	272	—	114	—	102	68	68	—	90	34	34	—	782
（週当り）	8		3.4		3	2	2		2.6	1	1		23
第２学年	280	—	155	—	105	70	70	—	90	35	35	—	840
（週当り）	8		4.4		3	2	2		2.6	1	1		24
第３学年	235	70	150	70	—	60	60	—	90	35	35	105	910
（週当り）	6.7	2	4.3	2		1.7	1.7		2.6	1	1	3	26
第４学年	235	85	150	90	—	60	60	—	90	35	35	105	945
（週当り）	6.7	2.4	4.3	2.6		1.7	1.7		2.6	1	1	3	27
第５学年	180	90	150	95	—	50	50	60	90	35	35	105	945
（週当り）	5.1	2.6	4.3	2.7		1.4	1.4	1.7	2.6	1	1	3.1	27
第６学年	175	100	150	95	—	50	50	55	90	35	35	105	945
（週当り）	5	2.9	4.3	2.7		1.4	1.4	1.6	2.6	1	1	3.1	27

（備考）この表の授業時数の１単位時間は45分とする。（下表において同じ。）

（小学校　改訂前）

区分	各教科の授業時数									道徳の授業時数	特別活動の授業時数	総授業時数
	国語	社会	算数	理科	生活	音楽	図画工作	家庭	体育			
第１学年	306	—	136	—	102	68	68	—	102	34	34	850
（週当り）	9		4		3	2	2		3	1	1	25
第２学年	315	—	175	—	105	70	70	—	105	35	35	910
（週当り）	9		5		3	2	2		3	1	1	26
第３学年	280	105	175	105	—	70	70	—	105	35	35	980
（週当り）	8	3	5	3		2	2		3	1	1	28
第４学年	280	105	175	105	—	70	70	—	105	35	70	1015
（週当り）	8	3	5	3		2	2		3	1	2	29
第５学年	210	105	175	105	—	70	70	70	105	35	70	1015
（週当り）	6	3	5	3		2	2	2	3	1	2	29
第６学年	210	105	175	105	—	70	70	70	105	35	70	1015
（週当り）	6	3	5	3		2	2	2	3	1	2	29

（中学校　改訂後）

区分	必修教科の授業時数									道徳の授業時数	特別活動の授業時数	選択教科等に充てる授業時数	総合的な学習の時間の授業時数	総授業時数
	国語	社会	数学	理科	音楽	美術	保健体育	技術・家庭	外国語					
第１学年	140	105	105	105	45	45	90	70	105	35	35	0〜30	70〜100	980
（週当り）	4	3	3	3	1.3	1.3	2.6	2	3	1	1	0〜0.8	2〜2.8	28
第２学年	105	105	105	105	35	35	90	70	105	35	35	50〜85	70〜145	980
（週当り）	3	3	3	3	1	1	2.6	2	3	1	1	1.4〜2.4	2〜3	28
第３学年	105	85	105	80	35	35	90	35	105	35	35	105〜165	70〜130	980
（週当り）	3	2.4	3	2.3	1	1	2.6	1	3	1	1	3〜4.7	2〜3.7	28

（備考）この表の授業時数の１単位時間は50分とする。（下表において同じ。）

（中学校　改訂前）

区分	必修教科の授業時数								道徳の授業時数	特別活動の授業時数	選択教科等に充てる授業時数	総授業時数
	国語	社会	数学	理科	音楽	美術	保健体育	技術・家庭				
第１学年	175	140	105	105	70	70	105	70	35	35〜70	105〜140	1050
（週当り）	5	4	3	3	2	2	3	2	1	1〜2	3〜4	30
第２学年	140	140	140	105	35〜70	35〜70	105	70	35	35〜70	105〜210	1050
（週当り）	4	4	4	3	1〜2	1〜2	3	2	1	1〜2	3〜6	30
第３学年	140	70〜105	140	105〜140	35	35	105〜140	70〜105	35	35〜70	140〜280	1050
（週当り）	4	2〜3	4	3〜4	1	1	3〜4	2〜3	1	1〜2	4〜8	30

① 研究開発学校での研究成果などを参考にするとともに専門家からのヒアリングを行うなどして、種々検討を行った結果、小学校における外国語教育を教科として一律に実施する方法は採らないことが適当であると考えた。

② その理由は、小学校の児童の学習負担の増大の問題、小学校での教育内容の厳選・授業時数の縮減を実施していくこととの関連の問題、小学校段階では国語の能力の育成が重要であり、外国語教育については中学校以降の改善で対応することが大切と考えたことなどである。

③ しかし、外国語の発音を身に付ける点において、また中学校以後の外国語教育の効果を高める点などにおいてメリットがあることは理解できる。

④ そこで、「総合的な学習の時間」、特別活動などの時間に、国際理解教育の一環として学校や地域の実態等に応じて、子供たちが外国語に触れ、外国の生活・文化などに慣れ親しむ機会を持てるようにすることが適当である。

⑤ その際大切なことは、ネイティブ・スピーカー等との触れ合いを通じて子供たちが異なった言語や文化などに興味や関心を持つということであり、文法や単語の知識等を教え込むような方法は避けるよう留意する必要がある。

⑥ 今後、各学校でのこうした教育活動を推進するため、研究開発学校における研究などにより、活動の在り方、指導方法などの研究開発を進めていくことも必要である。

(3) 各学校の教育課程の枠組みは、このように決定された

① 完全学校週五日制のもとでの土曜日の授業の扱い

この扱いは、教育課程審議会において方針が決定された。

完全学校週五日制の実施に伴って休業日となる土曜日の授業時間をどうするか。方法としては、ア・授業時間のすべてを他の曜日に上乗せして従来の授業時間数を維持する、イ・土曜日分の授業時数をすべて削除する、ウ・その中間案で授業時間を減じながら一部を他の曜日に上乗せする、の三つがあった。

アとウは、土曜日の授業を月曜日から金曜日までの教育活動に上乗せするもので、例えば小学校三年以上の子供は毎日六時間授業を行うことになる。これまで定着して行われてきた月曜日から金曜日までの教育活動の変更を余儀なくされるこの方法は「ゆとり教育」の考え方に逆行することになる。このような考えの下、アとウの方法は採らず、イの方法が採られることとなった。

② 年間標準授業時数について

土曜日の授業の扱いがこのように決定されたことで、年間標準授業時数は、土曜日分の年間七〇時間（週当たりに換算して二時間）が削減されることとなった。

こうして、各教科、道徳・特別活動に充てられる授業時数は、週当たりで、土曜日の授業削減による二時間と「総合的な学習の時間」に充てられる二時間余を合せて四時間余が減じられることとなり、この時数の中で教科ごとまた道徳・特別活動の授業時数が配当されることとなった。

③ 年間授業週数について

学校の年間の教育活動は、年間三五週にわたって教科等の授業が行われ、入学式、卒業式、運動会、修学旅行等の学校行事を含めて、長期休業日等を除く四〇週にわたって、行われている。

一年間を通したこのような学校の教育活動は、長年積み重ねられ、我が国の社会また子供たちの生活にしっかりと定着している。こうした教育の実績は大切にする必要がある、こうして、年間授業週数四〇週はこれまでどおりとされた。

ただ、教科等や学習活動によっては、年間を通ずることなく、特定の時期に集中して行った方が効果的な場合もあることを考慮し、各学校の創意工夫を生かした時間割や教育課程が編成されるように、一層弾力的な扱いをすることができることとされた。

④ 授業の一単位時間について

国の教育課程の基準を定める学校教育法施行規則の別表では、授業の一コマ（一単位時間）を、小学校は四五分、中学校は五〇分とすることを基準として、各学年や各教科等の年間総授業時数が定められている。この一コマの単位時間は従来通りとされた。

また、各学校が、年間総授業時数を確保することを前提に、実際の授業では、各教科等や学習活動の内容の特質に応じて授業時間の区切りを変えるなど、各学校の創意工夫を生かした弾力的な授業ができるようにすることも明記された。

こうして、教育課程の基本的な枠は決定されたのである。

◇**我が国の授業時数と諸外国の授業時数の比較**

では、学習指導要領改訂後の我が国の小学校・中学校の授業時数は、世界の学校の授業時数と比較した場合、どのような位置付けになるであろうか。

授業時数については、国によって様々な運用上の違いがあり、単純に比較できない側面があるが、大きく言って、我が国の学校の授業時数は、フィンランド、韓国、中国等の国と同じ水準のグループに入っており、年間授業日数四〇週二〇〇日は概ね標準的な水準になっているということである。

具体的な国際比較は、巻末資料12のとおりである。

この国際比較は、平成一四（二〇〇二）年度に文部科学省委託研究として国立教育政策研究所の研究グループが行ったものである。

(4) 各教科等の授業時数は、このように配当された

◇**全体を通ずる授業時数配当の考え方**

各教科等の授業時数の配当は、教育課程審議会の答申を踏まえて、次のような考え方に立って行われた。

① 小学校、中学校を通じ、国語の力、計算や数学的処理能力、社会や自然の理解、豊かな情操や人間性、健康や体力を調和的に育成するよう時間を配当する。

② 小学校段階では、読・書・算の基礎的能力、豊かな情操や人間性、健康や体力を培う教科等の時間数の確保を重視する。

③　中学校段階では、小学校教育の基礎の上に立って、必修教科等において公民的資質や科学的素養、豊かな人間性、健康や体力、外国語のコミュニケーション能力を育てる教科等の時間数を確保する。また、生徒の興味関心等に応じた学習が一層行えるようにすることを重視し、選択履修の幅を拡大する観点から、開設できる選択教科の種類を拡大するとともに、選択教科の時間数を確保する。

◇**各教科等の授業時数配当の考え方**

小学校及び中学校の各教科等の各学年の授業時数については、概ね次のような基本的考え方に立って配当されている。

①　「国語」については、小学校において、読み書きの基礎を繰り返し学習し徹底させるため、低学年・中学年を中心に時数を多く配当し、高学年から中学校へと学年が上がり基礎が身に付いていくにつれて時数を逓減する。

②　「算数・数学」については、小学校において、計算の基礎を繰り返し学習し確実に身に付けるため、一定時数を配当し、中学校は、小学校の基礎の上に立った応用段階であることから、時数を小学校よりも減ずる。

③　「社会・理科」については、小学校での基礎的な学習の段階から、中学校段階へと発達が進むにつれて学習が進化するため、学年が上がるにつれて時数を概ね逓増する。

④　「生活」については、「総合的な学習の時間」との関連も考慮しつつ、各学年同一の時数を配当する。

⑤　「芸術（音楽、図画工作、美術）」については、豊かな情操を培うため一定時数を配当するが、小学校では発達を考慮し低学年により多くの時数を配当し、中学校では自己の興味・関心等に応じた学習

が行われることも考慮して学年が上がるにつれて時数を逓減する。

⑥「家庭、技術・家庭」については必要な知識・技能の習得を図るため、家庭領域、技術領域のバランスに配慮しつつ一定時数を配当する。

⑦「体育、保健体育」については、小学校・中学校各段階を通じ健康や体力を培うため、各学年同一の時数を配当する。この場合、保健領域には小学校中学年から一定時数を配当する。

⑧「外国語」については、外国語のコミュニケーション能力の継続的な育成を図るため、各学年同一の時数を配当する。

⑨「道徳、特別活動」については、小学校・中学校各段階を通じ豊かな人間性を培うため、各学年同一の時数を配当する。

第七章　「総合的な学習の時間」はこのようなねらいをもって創設された

①「ねらい」はこうである

「総合的な学習の時間」は、中央教育審議会の答申に基づいて創設された。審議会の答申は、「生きる力」が全人的な力であることを踏まえて、教科の枠を超え、横断的・総合的な指導を一層推進する新たな手だてとして、この時間を創設するというもので、それに相応しい教育活動として、社会的要請が高まっている国際理解教育、情報教育、環境教育などが挙げられた。

この答申について、その後教育課程審議会でより具体的な審議が行われ、その結果、「総合的な学習の時間」のねらいは次のように整理されて、学習指導要領に規定されたのである。

ア　自ら課題を見付け、自ら学び、自ら考え、主体的に判断し、よりよく問題を解決する資質や能力を育てること。

イ　学び方やものの考え方を身に付け、問題の解決や探究活動に主体的、創造的に取り組む態度を育て、自己の生き方を考えることができるようにすること。

ウ　各教科、道徳及び特別活動で身に付けた知識や技能等を相互に関連付け、学習や生活において生かし、それらが総合的に働くようにすること。

②「目標・内容」はこうである

この「総合的な学習の時間」のねらいを踏まえ、教育課程審議会において、さらにその活動内容・授業時数などについて審議が行われ、「総合的な学習の時間」は、その目標も内容も各学校の判断で決めるという特色を持った時間となった。そして、その趣旨を生かすため、学習指導要領には、この時間のねらいや授業時数などの基本的な枠組みと活動例だけが示されることになった。

活動例として示されたのは、次のようなものであった。

ア　国際理解、情報、環境、福祉・健康などの横断的・総合的な課題

イ　子供たちの興味・関心に基づく課題

ウ　地域や学校の特色に応じた課題など

◇生活・経験主義に基づく教育の導入

「総合的な学習の時間」は、従来の教科・系統主義の考え方に基づいた教育課程の中に「生活・経験主義」に基づいた教育を導入したものである。これは、平成元（一九八九）年の学習指導要領の改訂で、小学校第一学年と第二学年に「生活科」が設置されたが、その延長線上にあるものと言えよう。

教育が目指すべき「生きる力」は、単なる知識の習得ではなく、生涯にわたる社会生活において実際に生きて働く力であることを踏まえ、生活・経験主義に基づく教育の強化が図られたのである。

こうして、「総合的な学習の時間」には、学習指導要領にも示されているように、各教科や道徳、特別活動などの授業で習得した知識や技能などを総合化し、自らの生活に結び付けて、問題の解決や課題の発見などの学習に取り組み、思考力・判断力・創造性などを育む特色ある教育活動の展開が期待されたのである。

③「授業時数」はこのように決められた

中央教育審議会は、学校の授業時数がこれ以上増えないよう、「総合的な学習の時間」の授業時間は各教科等の授業時数の削減・教育内容の厳選によって生み出すべきだとしていた。

この方針に基づき、教育課程審議会は、各教科等の授業時数との均衡も考えながら、「総合的な学習の時間」の授業時数について審議を行った。その結果、「総合的な学習の時間」がその特色を生かして教育の成果を上げるためには、ある程度まとまった時間が必要であること、また小学校と中学校では教育課程の構成や教育課題が異なることから授業時数は一律に定めないこと等を基本に具体的な授業時数の検討が行われた。

こうして、「総合的な学習の時間」は、小学校については、第一学年と第二学年にはすでに総合的な性格を持った「生活科」が設けられていることから設定せず、第三学年以上に設定することとし、中学校については、各学校で特色のある時間とすることができるよう、選択時間に充てる時間と同様に、下限と上限の幅をもって設定することとされ、具体的な授業時数は次のように定められたのである。

ア　小学校：すべての学年を通じて、週当たり三時間
（年間：第三学年・第四学年は一〇五時間、第五学年・第六学年は一一〇時間）

イ　中学校：第一学年　週当たり二～概ね三時間（年間七〇～一〇〇時間）
第二学年　週当たり二～概ね三時間（年間七〇～一〇五時間）
第三学年　週当たり二～概ね四時間（年間七〇～一三〇時間）

④「指導に当たって配慮すべきこと」はこうである

「総合的な学習の時間」の指導に当たって配慮すべき事項として、学習指導要領には次のような事項が示された。

ア　自然体験やボランティア活動などの社会体験、観察・実験、見学や調査、発表や討論、ものづくりや生産活動など体験的な学習、問題解決的な学習を積極的に取り入れること。

イ　グループ学習や異年齢集団による学習等の多様な学習形態、地域の人々の協力も得つつ全教師が一体となって指導に当たるなどの指導体制について工夫すること。

ウ　他の学校との連携、地域の社会教育施設や社会教育関係団体などとの連携、地域の教材や学習環境の積極的な活用などについて工夫すること。

エ　国際理解に関する学習の一環としての外国語会話等を行うときは、各学校の実態等に応じ、児童が外国語に触れたり、外国の生活や文化などに慣れ親しんだりするなど小学校段階にふさわしい体験的な学習が行われるようにすること。

◇評価の在り方・授業の実施時期

また、教育課程審議会は答申で、「総合的な学習の時間」の教育活動に対する評価や授業時間の設定時期について、次のような提言を行っている。

ア　評価は、子供たちが積極的に学習活動に取り組むといった長所の面を取り上げて評価することは大切であるとしても、試験の成績によって数値的に評価するような考え方を採らないことが適当であること。

イ　学習活動は、年間にわたって継続的に行うことにこだわらず、ある時期に集中的に行えるような弾力的な取扱いができるようにする必要があること。

子供たちには、授業では必ず正解がある、それを教師が教えてくれる、それを覚えることが学習だ、また、「教科書に書かれていること」を記憶するのが学習だ、そうした認識が定着している。

これに対して、「総合的な学習の時間」では、教師は、教科書にとらわれず活動内容を自由に設定できる、正解を教える人ではなく、時には子供と同じ探究者として授業に臨む、また子供たちに柔軟な発想で考える機会を提供する。こうした特徴を持った「総合的な学習の時間」には、新たな教育・学習の在り方を拓くことが期待されたのである。

第八章　完全学校週五日制はこうして実施が決まった

(1)　完全学校週五日制の意義はこうである

完全学校週五日制は、小学校・中学校の学習指導要領の全面実施に併せて、平成一四（二〇〇二）年四月一日から実施された。長い間土曜日も授業をする週六日制で実施されてきた我が国の教育の基本的な枠組みを変える画期的なことであった。

土曜日を休業日とする学校週五日制は、子供たちがゆとりのある生活の中で「生きる力」を育んでいくというねらいを持つもので、その目指すところは「ゆとり教育」と軌を一にするものとして、中央教育審議会はその実施を決定したのである。

完全学校週五日制の意義は、次のようなものということができる。

これらは、長い時間をかけた調査・研究・検討の過程の中で、社会に共有されるようになったものと言えよう。

①　子供たちの家庭や地域社会での生活時間を増やし、家族との触れ合い、地域の人々との交流をはじめ、学校教育にはない様々な生活体験・自然体験・社会体験をすることを通して子供たちはより豊かに「生きる力」を育むことができるようになること。

②　学校教育では経験できない文化・スポーツその他様々な活動に参加し、学校では身に付けることの

できない力を育むことができるようになること。

③　子供たちが主体的に使える土曜日・日曜日のゆとりのある時間の中で、心身をリフレッシュさせ、月曜日から金曜日までの学校での学習をより充実したものにするための備えをすることができるようになること。

(2)　実施決定までの経緯はこうであった

完全学校週五日制に対する文部省の姿勢は極めて慎重だった。その実施の決定までには長い時間をかけた調査・研究・検討が行われたのである。

文部省が学校週五日制の検討を開始したのは、昭和六一（一九八六）年の臨時教育審議会の第二次答申とこれに続く昭和六二（一九八七）年の教育課程審議会の答申を受けてからであった。

昭和六一（一九八六）年の臨時教育審議会の答申は、「週休二日制に向かう社会の趨勢を考慮しつつ、子供の立場を中心に家庭、学校、地域の役割を改めて整理し見直す視点から、学校の負担の軽減や学校の週五日制への移行について検討する」と指摘していた。

また、昭和六二（一九八七）年の教育課程審議会の答申は、「社会一般における週休二日制が普及・拡大する中、この傾向は今後さらに進むことが予想される。幼児児童生徒の学校内外における生活に十分配慮しながら、これを漸進的に導入する方向で検討するのが適当である」と指摘していたのである。

◇試行の実施

平成元（一九八九）年八月、文部省は「社会の変化に対応した新しい学校運営等に関する調査研究協力者会議」（以下「協力者会議」という。）を発足させ、平成二（一九九〇）年度から全国六八校に調査研究協力校を指定して研究を行った。その結果は、学校が子供の実態などを考慮した工夫を行うことで、月一回の学校週五日制は、教育水準の維持や子供の学習負担の面で特に問題はないというものであった。

そこで、文部省は、平成四（一九九二）年度からは、全国六四二校の調査研究協力校を指定し、月二回の学校週五日制を実施して教育課程上・学校運営上の対応の在り方について研究を行うとともに、平成四（一九九二）年九月から毎月一回第二土曜日を休業日とする学校週五日制の試行を全国の学校で開始した。

月二回の学校週五日制についても、調査研究協力校における研究状況から、指導内容・指導方法の工夫改善、家庭や地域社会への働きかけなど、学校運営上の工夫改善を積極的に行うことで、授業時数の確保など全体として問題のないことが明らかになった。

◇保護者・世論の動向

学校週五日制の実施は、単に学校だけでなく人々の生活に様々な影響を与えるものであることから、その検討を行うに当たっては、保護者はもとより、広く国民世論の動向に十分な注意を払う必要があった。マスメディアの関心も高く、当時から世論調査も少なからず行われていた。

協力者会議が、平成六（一九九四）年一一月に文部省に提出した「審議のまとめ」によると、当時の世論の動向は次のようなものであった。

当時の国民を対象とした世論調査の動向を見ると、平成元（一九八九）年から三（一九九一）年にかけて行われた新聞社等の調査では、学校週五日制に賛成する意見は三～四割であった。

また、月一回の学校週五日制の実施前の平成四（一九九二）年三月に行われた日本世論調査会の調査によると、賛成が四九％、反対が四四％であった。しかし、月一回の学校週五日制を実施してほぼ一年が経過した平成五（一九九三）年一〇月の同調査会の調査では、月一回の学校週五日制を実施して「良かったとする意見」が六四％、「悪かったとする意見」が二四％となっており、月一回の学校週五日制に次第に肯定的な意見が増えてきていることが窺えた。

調査研究協力校の保護者を対象に平成六（一九九四）年四月に行った月二回の学校週五日制のアンケート調査では、月二回の学校週五日制について、研究実施前は賛成五一％、反対四〇％であったのに対し、研究実施後は賛成が六六％、反対が二八％となっていた。

◇協力者会議の「審議のまとめ」

協力者会議は、こうした世論の動向を含めて、試行について分析評価し、全国の学校の月一回の学校週五日制と調査研究協力校の月二回の学校週五日制の試行は概ね支障なく行われているとしつつ、平成六（一九九四）年一一月、「今後の更なる学校週五日制の拡大については、将来の我が国の学校の教育内容等について基本的な検討を行うとともに、月二回の学校週五日制の定着状況や国民世論の動向等を含め、総合的な検討が必要であると考える」との報告を文部省に行った。

この「審議のまとめ」を受けて、文部省は、平成七（一九九五）年四月からは、第二・第四の土曜日の月二回の土曜日を休業日とする試行を全国の学校で開始した。

◇中央教育審議会の提言

中央教育審議会の学校週五日制についての審議は、こうした状況の中で行われた。そして、それまでの全国の学校での月一回の試行、調査研究協力校での月二回の試行、協力者会議の「審議のまとめ」、世論の動向等を踏まえながら、学校週五日制の意義などについて審議を行い、「生きる力」を育む観点から、その意義を積極的に評価し、「答申」において、次のように述べて、完全学校週五日制の実施を提言したのである。

① 「生きる力」は、単に学校だけで育成されるものでなく、学校・家庭・地域社会におけるバランスのとれた教育を通して育まれる。特に、家庭や地域社会における豊富な生活体験、社会体験や自然体験は重要である。

② 今日の子供たちの生活の在り方を省みると、子供たちは全体としてゆとりのない忙しい生活を送っており、様々な体験活動の機会も不足し、主体的に活動し、自分を見つめ、思索するといった時間も少なくなっている。

③ こうした現状を改善する意味で、家庭や地域社会での生活時間の比重を増やし、子供たちが主体的に使える自分の時間を増やして「ゆとり」を確保することは、今日、子供たちにとって極めて重要なことと考える。

④ 学校週五日制は、子供たちの生活の在り方や学習の環境を変え、「生きる力」を育む有効な方途であり、その目指すところは、今後の教育の在り方と軌を一にしている。

⑤ 学校週五日制を、教育改革の一環として積極的にとらえ、様々な条件整備を図りながら、二一世紀初頭を目途にその実施を目指すべきである。

⑥ また、それは学校教育の基本的な枠組みの問題であり、制度の問題であることから、国公私立の全

ての学校が統一して実施することが望ましい。

(3) 学校週五日制の今後は、我が国の教育の在り方を問うものである

学校週五日制は、平成一四（二〇〇二）年度から小学校・中学校の学習指導要領の改訂に合わせて実施されたが、世界の多くの国からは相当に遅れての実施となった。

欧米諸国をはじめとしてすでに世界の大勢になっている完全学校週五日制が、我が国において実施に至っていなかったのはなぜか。様々な事情が考えられるが、それだけ学校における教育が重視されてきたことに加え、受験競争が激化する中で授業日数を減らすことへの慎重な意見が大きく影響していることが大きいと思われる。この課題が解決しないため、我が国では学校週五日制の検討すらできなかったと言ってよいであろう。このことから、中央教育審議会は、第一次答申を出した後、直ちにこの受験競争の問題、入試改革の問題に取り組んだのである。

教育における学校教育の役割が肥大化し、我が国の教育が過度に学校教育に偏し、そのことが学歴社会を生み、過度の受験競争を生み出す要因になっていると指摘されている中で、この現状を変えることができるかどうか、学校週五日制の行方はそれを問うものであった。また、それは、過度の受験競争という現実を前にして、学校での授業が多ければ多いほど教育の成果が上がる、学校で教師に教えてもらうことが教育であるという、これまでの教育観・学力観を転換し、中央教育審議会や教育課程審議会が指摘するように「学び」というものを幅広く多角的にとらえて評価するという考え方に変えることができるかを問うものでもあったと言えよう。

また、我が国の子供たちについては、「自学自習」の習慣の形成、「自主性」・「主体性」の育成などの面に課題があると指摘されて久しいが、これからの子供たちの学びの在り方や生き方はこのままで良いのか、学校週五日制の行方はこうした問を突き付けているものでもあると言えよう。

第一部のまとめに代えて

前掲の畑山博著「教師　宮沢賢治のしごと」には、教え子たちの卒業後の人生が紹介されている。そして、誰もが賢治に教えられて身に付けた賢治農法や考え方を見事に生かしていることを知るのである。加えて力強く思うのは、賢治の教えた花巻農学校の後身の高等学校に賢治の教えがしっかりと引き継がれているということである。

校則に関して、著者と校長とのこんなやりとりが紹介されている。

「(校則を) 守らん生徒にはどうしますか」

「そういうときは、教師が、生徒にこう言います。『賢治先生は、そういうことをきみに教えてくれたのか。今から行って、聞いてこい』……」

「……」

「生徒は、賢治先生の碑のところまですっとんで行きます。『どうだった』『はい。花農生として、そんなことをしてはいけないと言われました』っていう感じですよ」
「それから必ず、紙とエンピツを渡されて、生徒は反省文を書かされるのですよ」
おかげで花農の生徒は、とても作文の力がついたのですよと言って、校長は笑った。

学校ならではの教師と生徒による信頼関係が築かれたやりとりの光景が目に浮かんでくる。

学校は何のためにあるのか。言うまでもなく、将来一人一人が生きていくために必要な力を身に付けるためである。中央教育審議会は、それを「生きる力」の育成と言い、また、教育は子供たちの「自分さがしの旅」を助けることだ、と言った。

そして、学校では、それぞれの個性を大切にしてすべての子供たちに「生きる力」をしっかりと育んでほしいと訴えたのである。

子供たちは、「生きる力」を、学校での教師や先輩たちからの教え、級友や後輩たちとの切磋琢磨など、人と人との交わりを通して育んでいく。一人一人が単独でではなく、学校という集団社会の中でその集団の力を生かして育んでいくのである。教師や先輩、さらには級友・後輩から、自分では気づかなかった個性・才能を見いだされて社会に巣立っていった人の例は決して少なくない。学校教育が持つ力であり、学校教育が人間形成に果たす役割の大きさを改めて思うのである。

しかし、その学校教育の現状はどうであろうか。

「生きる力」を育むためには、子供たち自身の努力が必要であることは言うまでもないが、学校教育の中核である授業が分かっても分からなくても進んでいっているとすれば、そうした子供はどうすればよいのか、子供の努力では如何ともしがたい。慌ただしさの中でそんな子供たちを生み出していないか。また、教師の教えることを覚えるだけの授業では子供たちの学習意欲はなかなか沸かない。その結果、自分に自信の持てない子供が生み出されていっていないか。もし、忙しさに追われて教師も不本意ながらそうせざるを得ないのだとすれば、その仕組みを変えていかなければならない。

「生きる力」は、生涯にわたって子供たち一人一人が個性を持って生き生きと暮らしていく力である。それはじっくりと腰を据えた学習や集団生活での様々な経験の積み重ねで育まれていく。

しかし現状は、他の子供たちとの評価の比較や点数獲得競争が学習の目的となって、いたずらに子供たちの神経をすり減らす学校生活になっているのではないか。「ゆとり教育」は、こうした状況が否定できない現実となっているとの認識に立って、教育課程の基準を見直し改めて、学校教育の現状を改革改善しようとしたものだったのである。

第二部　報じる側から見た「ゆとり教育」

中西　茂

「ゆとり世代」

筆者が読売新聞の旧文部省クラブ詰めとなったのは、平成七（一九九五）年のことである。記者になってから一〇年以上たってはいたが、教育問題を本格的に取材し始めてまだ二年目のことだった。平成七年というのは、のちに「二一世紀を展望した我が国の教育の在り方について」と呼ばれる答申になる政策が中央教育審議会で議論された時期だった。中央教育審議会の事務方の責任者だった辻村哲夫氏の部屋もよく訪ねた。繰り返しになるが、筆者は、のちに〈ゆとり教育〉と呼ばれる政策を肯定的に書いた立場である。

二一世紀を目前に控えていたこの時期には、何かというと、「二一世紀に向けた」といった言葉が枕ことばになっていた。その二一世紀を迎えて何年もしてからのある日、後輩記者に「中西さんはゆとりＬＯＶＥですか」と問われたことがある。言った本人にその意識があったかはともかく、「ＬＯＶＥ」

平成14年に正式に導入されることになった「総合的な学習の時間」に関する記事

先生に難題「総合的学習」

新指導要領案

マニュアルなく困惑

先進校に視察殺到

十八日公表された小中学校の新指導要領案の柱の一つとして、二〇〇二年度から全国の小、中学校で新設される「総合的な学習の時間」に先生たちが頭を悩ませ、数少ない先進校に視察が殺到している。教科書もなければ、マニュアルもない。今のところあるのは、「環境」「情報」「国際理解」といったテーマの例示だけで、「教科の枠を超えて自由にやって下さい」と文部省も突き放す。その一方で、総合的学習の関連書籍の出版も相次いでいる。（本文記事1面）

新潟県上越市立大手町小学校は今年二月、地元で総合的学習など新しい教育課程を考える発表会を開いた。その会に全国から足を運んだ先生たちは約三千人。授業公開を行った後、市民会館で参加者も交えたパネルディスカッションを行う予定だったが、会場があふれ返ってしまい、急きょ有線テレビを使って討論の様子を学校の体育館で放映するという事態になった。

昭和五十年代から同小は「生活科」の研究校としての実績があり、昨年までは文部省指定の研究開発学校として教育課程の研究に取り組んできた。

同小には理科や社会といった教科はなく、「生活」「科学」「表現」「健康」など七単元群で時間割ができている。四年の「生活」では一年間、地元の川の自然や人とのかかわりを調査。五年では自分たちで育てて収穫した食糧だけで一日を過ごす。昨年、この体験を機に「食糧白書」までまとめた現六年生は、修学旅行先に東京の築地市場などを選び、食糧・環境問題について見聞を広めた。

「そんな成果をぜひ見たい」という全国からの要望を受けて、夏休みに東京都内で先生たちだけで改めて開いた発表会にも、約千人が全国から集まった。

一昨年まで研究開発学校として環境教育などに取り組んできた富山県福野町立福野中学校にも、毎週のように全国から視察がある。同中学校を見学に訪れた先生たちの関心事は「教師の多忙化につながるのでは」「本当に我々にもできるのか」――。同中学では「学年ごとの年間計画を細かく聞かれるが、カリキュラムはあってないようなものと答えるしかない。見てもらうしかないんです」と言う。

文部省小学校課では「（総合的学習に対する）戸惑いは承知しているが、あくまで学校の自主性にゆだねたい。やり方を縛ってしまうとまた同じようなものがずらりと並んでしまう」としているが、先生のニーズを見越して、教育書を扱う出版社十社近くがすでに総合学習関連書籍を出版している。今年四月に創刊した総合学習の月刊誌も含めてすでに約三十点を刊行した明治図書出版では「内容が漠然としているだけに、準備をするかしないかで学校差がかなり出るのではないか」と話している。

一方で、先生たちの間からはあせりの声も漏れはじめている。「『ここは試験に出るんだぞ』といった風に教えてきた先生は、指導観を根本から変えなければならない」と、東京・下町にある区立中学の四十代の男性教諭は言う。

また、すでに学校として総合的な学習の準備を始めている東京・港区立御成門中の榎本和男校長は「子供たちのニーズに合わせて何ができるのか、今から検討に走り出さなければ間に合わない」と語っている。

教え方横並びの恐れ

山梨大教育人間科学部の池田清彦教授（構造主義生物学）の話「『個に応じた教育』や『総合的学習』は確かにいいことではあるが、うまく教えるには、その内容の五倍も十倍も知っていなければならない。しかし、先生たちは忙しくて余裕がない。結局は、指導要領が言う個性化、多様化に反して教え方も他校をまねて横並びになり、最後は、学ぶ内容が減っただけに終わってしまう恐れがある。先生の学力をどうするか、人的配置をどうするかといったファクターを洗い出した上で取り組む必要がある」

平成10(1998)年11月19日 読売東京 朝刊社会 14版 39頁

という言葉には、いわゆる〈ゆとり教育〉を妄信的に推奨してきたという批判的な視点が含まれているだろう。〈ゆとり教育〉を肯定的にとらえた記事を書いたことは隠しようがないから、これも一つの見方として受け入れるしかない。いわゆる〈ゆとり教育〉を受けた世代が、その後、否定的な意味で「ゆとり世代」と言われたが、筆者は「ゆとりの議論をした時代に教育記者の駆け出し時代を送った」という別の意味で「ゆとり世代」の記者である。

ただ、話は「ＬＯＶＥ」と言い切ってしまえるほど単純ではない。後述するように、あの時代の社会情勢が「ゆとり」を求めていたことも確かなのだ。その分析自体に、エビデンスが十分ではなかったという批判はあるだろう。ただ、「ゆとり」を打ち出した中央教育審議会も、様々なデータをもとに議論していたはずだ。

「はずだ」とあいまいに書くのは、当時の審議会が「静謐な環境で議論ができない」といった理由をつけて非公開にされていたからだ。いまでは想像もできないかもしれない。代わりに、会長や小委員会の座長[1]が事務方同席のもとで説明をするブリーフィングの場は会議後に設けられたが、細かいニュアンスは分からず、隔靴掻痒の感は否めなかった。節目となる審議資料のペーパーを事前に独自入手した記者は、特ダネが書けた時代だ。

そうやって読売新聞に掲載された特ダネの一つが「総合学習」をめぐる記事[2]である。残念ながら筆者自身が書いたわけではない。書いたのは、旧文部省の記者クラブで背中合わせの席にいて、一緒に仕事をしていた同僚である。その報道には、「総合科」という新教科をつくるかのような表現がある。結果的には、「総合的な学習の時間」ができることになるのだが、文部省と中央教育審議会が、単なる「時間」

ではなく、教科的な位置付けで構想を練っていたことを窺わせる。

中教審の議論では、教科の再編・統合が話題にのぼっていた。筆者が平成一〇（一九九八）年に足を運んだ新潟県上越市立大手町小学校では、現状のすべての教科を「生活」「科学」「表現」「健康」など七つの単元群に組み直した時間割で授業をしていた。[3] 上越には、旧高田師範学校における大正自由教育の時代からの伝統がある。そんな記事も報じる側だったから、この議論にはこだわりがある。単なる「LOVE」ではないのである。

ちなみに、いまでは文部科学省関係の審議会や協力者会議などの大半は公開されているので、誰でも傍聴することが可能だ。最近ではさらに進んで、ペーパーレス化のため、事前に文部科学省のホームページに委員への配布資料がアップされる。傍聴者はプリントするか、パソコンやタブレット端末などにダウンロードしておく必要のある会議が増えつつある。新型コロナウイルス感染症の流行後は、審議そのものがインターネットを通してリアルタイムで公開される会議も増え、隔世の感を覚える。昔の流儀で言えば、事前配布の資料をもとに取材をすれば、誰でも記事が書ける理屈だが、そうはならない。情報公開によって、何がニュースか自体が大きく変化しているということなのである。（委員に示す原案資料等の）ペーパーを入手することに躍起になる必要がない分、本質的な取材ができてもいいのだが、そうはなっていない。

「学力危機」キャンペーン

もう一つ、紹介しておくべき経歴として、筆者は平成二三（二〇一一）年から二年間、北海道に勤務した際、北海道の全国学力・学習状況調査結果の低迷を受けて、「学力危機」というキャンペーンを展開した経験がある。北海道の学力問題の背景には、北海道教職員組合（北教組）の影響が大きいという見方がある。もちろん、その影響の大きさは否定できないが、現地に住んで取材してみると、もっと根が深いと感じた。北海道独特の〝ゆるさ〟が学力問題の背景にあるのだ。象徴的な方言で言えば「まっ、いいっしょ（まあ、いいでしょう）」。沖縄の「なんくるないさー（なんとかなるさ）」とも通じる。ともに、全国学力・学習状況調査での低迷が問題視されていた。

北海道に子供を連れて住んでみて、最も象徴的だと思ったのは、学校の宿題の少なさだった。宿題が少ないと家庭学習は定着しにくい。家庭学習が定着しないと、一定の学力層の底上げを難しくする。そのことに気付いていない教員も少なくないようだった。

日本は島国だが、その中の北海道はまた一つの島国で、教員も外の世界を知らない。「北海道と沖縄は日本の辺境ですから」と話した教員もいたが、その根の深さを、筆者は「空気のようなもの」と表現してみた。長く培われてきた風土と言ってもいいかもしれない。空気だから当たり前に存在し、疑うことがない。北海道の〝ゆるさ〟は、北海道の良さにもつながるから、なおさらやっかいだ。「ゆとりがゆるみにつながっている」とは、いわゆる〈ゆとり教育〉の見直しを進めた当時の小野元之・文部科学事務次官の発言だが、そのゆるさに気付いていないのだ。

そうとらえた私は、「学力危機」キャンペーンの最後で、「地域を元気にするために学力が必要」という視点に立った。産炭地域の急速な人口減少に象徴される北海道の経済の低迷は深刻だ。それもまた低学力の大きな要因とも言われる。しかし、現在の主要産業である観光でも農業でも漁業でもＩＣＴが積極的に使われるなど、基盤となる知識や技術は大きく変化している。学力抜きには語れない。「基礎学力さえおぼつかなければ、外資が入ってきたときに道民は使われる側になる」という経済人もいて、そうしたメッセージも込めたのだった。

これは、「学力危機」の取材で、百ます計算を世に知らしめた陰山英男氏（当時は立命館大学教授）に久しぶりにインタビューした際に発想を得ている。陰山氏が挙げたのは『村を育てる学力』（明治図書出版、一九六六）の話だった。著者の東井義雄氏[4]は陰山氏も勤務した兵庫県で教員を務め、村に活力をもたらすための学力が子供たちに必要なことを唱えた。昭和三〇年代の話なので、時代背景は全く違うが、ここにも、「社会を生き抜いていくための学力」の原点がある。

町村元文部科学大臣の思い

要するに筆者は、「究極のゆとり教育」が提唱された時代と、「学力危機」キャンペーンが必要とされた時代を歩んできたということだ。まず、その二つの時代をつなぐ政治家として、文相、外相、官房長官、衆議院議長などを歴任した町村信孝氏（故人）のインタビューを紹介する。

町村氏は平成九（一九九七）年に文相として初入閣した。中教審の答申を受けて具体的なカリキュラムの内容を審議する教育課程審議会の答申を翌平成一〇（一九九八）年に受け取った立場である。さらに平成一二（二〇〇〇）年には二度目の文相兼科学技術庁長官（省庁再編でそのまま初代文科相）も務め、学校週五日制が完全実施される平成一四（二〇〇二）年からの学習指導要領を小中学校で同時に実施するよう促した。小学校と中学校の実施は一年ずれるのが普通だったから、町村裁定で教科書会社は大慌てとなった。つまり、文相・文科相時代には、いわゆる「ゆとり教育」を積極的に進めた立場になる。一方で、北海道選出の国会議員を長く続け、北海道の学力問題やその背景も熟知している。前述した「学力危機」の連載で欠かせない取材対象だと考えていた。平成二五（二〇一三）年のインタビュー当時は、脳梗塞による入院から復帰して間もないころだったが、議員会館を訪ねて話を聞くことができた。関連個所を抜き出してみる。

――北海道の学力を上げるためにどうしたらいいか、お考えをうかがいたい。北海道には、北教組と〈ゆとり教育〉の考え方が結び付いている印象がある。

町村　ゆとり教育の〈ゆとり〉が現場に行くと〈たるみ〉になってしまった。私は（ゆとり教育を）推進する立場の一人だったので、大臣時代含めて、反省しています。生きる力をしっかり身に付けるという理念はよかったといまでも思っているんです。ただ北海道との関係で考えると、この問題はゆとり教育を言う以前からあったと思う。北教組が（低学力の）唯一の原因であるとは言わないが、大きな原因であることは間違いない。日本全国に「教育は競争ではない。平等が大事だ」という考え方が着実にしみとおっていく中で、北海道ではそれが純化する形で力をもってしまった。ゆとり教育も（競争より平等という考え方を）加速化した面はあったが、それ以前から北海道には（その考え方が）あった。（中略、いわゆる〈ゆとり教育〉見直しの後も）北海道で純粋培養されて残っているとしたらまずい。

「反省しています」という率直なひと言や、このあとの遠山氏の証言からも、町村氏が、ある時期まで、本気でゆとり教育を推進しようとしてきた立場であることは確認できる。それはなぜだったのだろう。鬼籍に入ってしまった町村氏に、改めて真意を問うことはできない。

しかし、本当は改めて真意を問いたかった。大臣というトップの責任は限りなく大きい。中央省庁では大臣が白と言えば、黒だと思っても白だと従わざるを得ない場面もあるようだ。大臣の影響力の大きさを口にする官僚や元官僚は少なくない。

その後、筆者は、平成一六（二〇〇四）年に学習指導要領の全面見直しを中央教育審議会に諮問した中山成彬文科相と、平成一〇（一九九八）年から翌年にかけて文相だった有馬明人・元東京大学総長、つまり究極のゆとりの答申時代の中央教育審議会長の二人を並べて、「論陣・論客」というインタビューを掲載したことがある（読売新聞平成一七年二月一五日付朝刊）。

全国学力・学習状況調査、いわゆる全国学力テストの復活を主導することになる中山氏は、教科学習重視、授業時間増を明確に掲げ、総合的な学習の時間をなくさんばかりの勢いだった。これに対し、有馬氏は、総合的な学習の時間に多くを割き過ぎたと防戦した。

総括する形の筆者のコメントは以下通りだった。

慎重な議論で学びの価値、復活を

読売新聞の世論調査では、国民の八割が子供たちの学力低下に不安を感じている。この数字は尋常ではない。学びの価値復活のため、見直すべき点は見直すべきだが、誤解のない慎重な議論をしたい。

「小学校は国語中心でいい」という考えは理解できる。ゲームより魅力的な授業ができれば、それもすばらしい。ただ、現実との落差はある。授業時間増にも限度がある。

今回の国際的調査では読解力低下が顕著だったが、読解力は本来、総合的な学習の時間で身につけさせようとした力ではないか。その「総合」の成果を、性急に求め過ぎる傾向も気になる。読解力の成績がトップのフィンランドの授業時間は決して多くはない。（読売新聞平成一七年二月一五日）

国語重視は中山氏の主張だが、極端に走らず、ゆとりか脱ゆとりかの二項対立よりも、バランスのある議論を願ったコメントだったと思っている。

しかし、町村氏が大臣を務めた当時、町村氏を代表とする政治家の多くも、そして大半のマスメディアの論調も、いわゆる〈ゆとり教育〉に肯定的だった。そこには後述するような時代背景もある。

「次官と意見は一致」

町村氏はインタビューの中で、いわゆる〈ゆとり教育〉の見直しを進めた遠山敦子文科相の起用についても話題にし、自分が小泉純一郎首相に推薦した立場であったことを明かした。遠山氏は大臣就任当時、民間出身という位置付けだったが、文部省の高等教育局長や文化庁長官を務めた官僚で、平成一四（二〇〇二）年一月に、いわゆる〈ゆとり教育〉からの転換を決定付けた「学びのすすめ」（正式名称は「確かな学力向上のための2002アピール」）を出した。

遠山文科相時代の文部科学事務次官が前述の小野氏だが、見直しはその前任である町村文科相時代から小野氏が主導したとされる。読売新聞が「学びのすすめ」の前年に「『新学習指導要領』で文部省が

「ゆとり教育」抜本見直し

「新学習指導要領」で文部省が指針

学力向上に力点

小学校の総合的学習 英語導入も認める

文部省は四日、二〇〇二年度から導入する新学習指導要領で実現を目指す小、中学校などの「ゆとり教育」のあり方を抜本的に見直す方針を決めた。基礎学力の向上が狙いで、具体的には、①教科ごとの二十人学級でレベルの高い授業を行う②小学校の「総合的な学習の時間」で英語などを教える③私立中学入試の「難問」も容認する――などが柱となり、今月から都道府県教委や学校現場への指導を徹底する。〈解説2面〉

今回の見直し方針は、授業時間削減による「ゆとり教育」が学力低下につながらないよう、臨時教育審議会（一九八四―八七年）以来の「児童・生徒の学習面の負担軽減」という教育行政の流れを大きく転換するものと位置づけられる。

九八年に改訂し、二〇〇二年度から導入される小、中学校の新学習指導要領は、学校週五日制の完全実施に伴い、授業時間と内容を三割程度減らし、学習内容を厳選した「ゆとり教育」の実現を求めている。

しかし、最近、学力低下問題がクローズアップされており、こうした傾向に拍車を掛けかねないと懸念する声が高まっていた。

このため、文部省は、「ゆとり教育」の指針となる「基礎学力向上への戦略」をまとめ、具体的な指導方法や授業内容について学校現場に例示することにした。

まず、新学習指導要領はあくまで学習内容の最低基準を示すものである点を強調「ゆとり教育」とは「心のゆとり」を求めるものと定義し、新学習指導要領の範囲を超える内容の授業も積極的に行い、学力を向上させるよう求めている。

具体的には、既に前倒し実施されている「総合的な学習の時間」について、遊びや体験学習の時間ではなく、教科教育の一環と明確に位置づけ「小学校での英語」「教科をまたがる学習」「国際化への対応」などに割くべきだと例示している。

また、政府が次期通常国会で成立を目指している「教育改革関連法案」に盛り込まれる「二十人学級」や「習熟度別授業」などを活用し、新学習指導要領の範囲を超えた高度な授業を容認する。先の教育改革国民会議の最終報告にも盛り込まれた「悪平等をなくし、できる子は伸ばす」との観点を反映するものだ。

私立中学の入試に関しても、今まで学習指導要領の範囲を超えた問題は「難問」と断じ、出題を自粛するよう指導してきたのを改め、ある程度は学習指導要領の範囲外からの出題も認める方向で検討中だ。

【学習指導要領】小、中、高校のカリキュラムの基準として、学校教育法に基づいて国が定める教育内容。約十年ごとに改訂されている。①教育課程全般にわたる配慮事項などの総則と、各教科の授業内容、時間数などを規定②教科書を編集する際の内容―の二つの基準を持ち、国、公、私立のすべての学校に一定の拘束力を持つ。文相の諮問機関「教育課程審議会」の答申をもとに改訂し、文相が決定する。

2001年01月05日 読売東京 朝刊一面 14版 1頁

指針『ゆとり教育』抜本見直し、学力向上に力点」（二〇〇一年一月五日付朝刊一面）と報じたことも、一つの転換点となった。この経緯は、筆者の後輩である小松夏樹記者による『ドキュメント　ゆとり教育崩壊』（中公新書ラクレ、二〇〇二）に詳しい。

　同書にもあるように、小野氏は一匹狼と呼ばれ、教育課程の政策を担う初等中等教育局長も大学教育等を担当する高等教育局長も経験しないで次官になった。一方で、遠山氏は一月の報道の時点では独立行政法人国立美術館理事長であり、いわゆる民間人であったが、四月に文部科学大臣に起用された。

　遠山氏に「『ゆとり教育』抜本見直し」の報道があった際の事情をインタビューしたのは平成二七（二〇一五）年。読売新聞の大型連載「昭和時代」の取材を兼ねていた。校内暴力が吹き荒れていた時代に、旧文部省で生徒指導を担当する中学校課長を務めており、東京都町田市の事件[5]の現場に直接足を運んだことで知られている。

――大臣になられる前に方針転換の動きがありました。読売新聞の報道で。

遠山　あれは方針転換ではなくて次官が勝手に書かせたと、初中局では言っていたらしいですけどね。

――次官の立場の則を超えるみたいなところがあったのでは。〈職を賭して〉という言葉もあったと記憶しています。

遠山　信念があって、このままではいけないという思いがあったのだと思う。お役人は、いったん決まったことを覆す勇気がなかなかないですからね。〈職を賭す〉というのは、小野さん一流の表現という見方もありますが、小野さんが一生懸命やっていたことは確かです。ただ、次官であれ誰であれ、（官僚だけで）いったん決まった大きな方針を変えることはできなかったと思いますね。あれは大臣がやったからだと、当時の秘書官には言われました。

──文科省職員が、昼と夜でやっていることが違ったという人もいたと聞きますから、混乱があったのかと思います。

遠山　でしょうね。ただ、私が〈学びのすすめ〉を出す必要があるなと思ったのは、四月に学習指導要領の実施が迫っていて、このままで日本の教育は大丈夫かという思いがあった。そのことは全く小野さんと共通しているし、学習指導要領を最低基準と考えるのも正しいという点でも、次官と私の意見は一致していたと思います。

大臣就任の前後、いろいろな方から、何とかしてほしいという声を聞きました。有識者、文化人、教育学者、教育長からも話を聞いたし、省内でも大臣室に来てもらって意見を聞いた。遠山に言ったら何とかしてくれると大臣室に電話をかけてくる知人もいた。できる範囲で最大限のことをしてから〈学びのすすめ〉に持っていった。一番国民が心配をしたのは円周率3の話ですよ。いまの大人たちも3・14ぐらい知っている。それが3になってしまうという誤解が広がった。

円周率3の話とは、学習塾の日能研によるキャンペーンのことである。高木幹夫代表へのインタビューは後述する。

遠山　文化人や学者の中には、ゆとり派も反ゆとり派もいましたが、特に理数系の研究者にすごい危機感があった。学力が落ちているという教育社会学者の指摘もあった。逆に擁護派の人たちは、学力が落ちている証拠はないじゃないかという見方をする。ゆとりと言われて喜ぶ学校の先生もいる。企業のトップにも「日本に必要なのは創造力で、詰め込みはだめだ」という人がいた。そうなんですけど、基礎基本をいい加減にしてしまうんです、ゆとり派は。

遠山氏は文科省のトップとして脱ゆとり教育を推進した立場だけに、ゆとり派に向ける言葉は厳しい口調になる。そして、遠山氏は、文科相を退いた後の町村氏も、「学びのすすめ」には「ゆとりという言葉がない」と指摘していたことを明かしている。また、このとき、令和二（二〇二〇）年度からの新しい学習指導要領をめぐる議論についても懸念を表明しているのだが、この点は第三部で紹介する。

遠山氏の著書『来し方の記　ひとすじの道を歩んで五十年』（かまくら春秋社、二〇一三）では、「ゆとり教育の問題点」として、「学びのすすめ」で警鐘を鳴らした理由としてまず、新しい学習指導要領の試行期間中に、「学校側が子どもたちに基礎基本を徹底することの重要さを軽視しはじめた」ことを挙げている。

「ゆとり」と充実をうたいながら、学校では勉強の基礎基本の充実よりも、個性を重視する「ゆとり」の方向に力点が移ってしまう傾向が表れていた。教師が、「ゆとり」のためには、学校はできるだけ子どもに負荷をかけず、教え込まない、宿題も補習もすべきでない、などといった間違った思い込みに縛られるのはおかしなことである。

こんな記述のあと、遠山氏は、前年、つまり平成一三（二〇〇一）年の暮れに公表された経済協力開発機構（ＯＥＣＤ）の国際学習到達度調査（ＰＩＳＡ）の結果も理由に挙げている。

日本の子どもたちは学力的には世界トップクラスであるが、かつてのような断然一位ではなくなっているし、もっと問題なことに、自分で学ぶ意欲や家庭での勉強時間が、参加国の最低レベルであった。つまり、「学ぶ意欲」と「学ぶ努力」を育てられていないという実態が浮かび上がった。そのうえで、これからさらに「ゆとり」教育がいきわたれば、結果は歴然であろう。

そうした立場から出された「学びのすすめ」では、以下の五つの方策を挙げていた。

(1)　きめ細かな指導で、基礎・基本や自ら学び自ら考える力を身に付ける。
少人数授業・習熟度別指導など、個に応じたきめ細かな指導の実施を推進し、基礎・基本の確実な定着や自ら学び自ら考える力の育成を図る。

(2)　発展的な学習で、一人一人の個性等に応じて子どもの力をより伸ばす。
学習指導要領は最低基準であり、理解の進んでいる子どもは、発展的な学習で力をより伸ばす。

(3)　学ぶことの楽しさを体験させ、学習意欲を高める。
総合的な学習の時間などを通じ、子どもたちが学ぶ楽しさを実感できる学校づくりを進め、将来、子どもたちが新たな課題に創造的に取り組む力と意欲を身に付ける。

(4)　学びの機会を充実し、学ぶ習慣を身に付ける。

放課後の時間などを活用した補充的な学習や朝の読書などを推奨・支援するとともに、適切な宿題や課題など家庭における学習の充実を図ることにより、子どもたちが学ぶ習慣を身に付ける。
(5)　確かな学力の向上のための特色ある学校づくりを推進する。
学力向上フロンティア事業などにより、確かな学力の向上のための特色ある学校づくりを推進し、その成果を適切に評価する。

いま、改めて読み直すと極めて常識的な内容だ。文科省内の「ゆとり派」とも折り合いをつけた内容だったとみられる。それでもこうしたメッセージを出さなければいけないほど、文科省は追いつめられていたと言えるかもしれない。

授業外の学習時間の推移

遠山氏が著書の中で述べたＰＩＳＡの結果というのは、平成一二（二〇〇〇）年に実施された第一回の調査である。「かつてのような断然一位」が何と比較しているのかは読み取れない。この時点では、日本の成績は「世界トップクラス」とされていた。ただ、確かに、国立教育政策研究所のホームページ[6]にも、「我が国の生徒は、国語や数学、理科について『宿題や自分の勉強をする時間』が参加国中最低である」とひと言記されている。また、報道でも、『宿題や自分の勉強をする時間』は参加国中最低で、『英国など先進国と比べても突出して短い』（文科省）[7]」とコメント付きで紹介されている。

では、その後のＰＩＳＡでは、この調査項目はどうなっていったのか。データが必ずしも同じ示し方ではないため、単純な比較はできないが、文部科学省のホームページによると、読解力の低下でPISAショックと言われた平成一五（二〇〇三）年の調査では、「通常の授業以外の宿題や自分の勉強をする時間について、我が国の生徒は週当たり平均6・5時間でOECD平均の8・9時間より短い」などと記されている。[8] さらに、平成一八（二〇〇六）年の調査では、理科、国語、数学について、自習または宿題をする時間は週二時間未満の割合は、それぞれ九三・六％（OECD平均七五・一％）、八七・三％（同六九・二％）、七三・六％（同六四・九％）で、いずれもOECD平均を下回り、特に理科の二時間未満の数値は突出している。つまり、成績が低迷していた三年後、六年後のPISAでも、学習時間が増えていない傾向があった。

一方、授業以外の学習時間で「まったくしない」に着目した平成二一（二〇〇九）年の調査と平成二四（二〇一二）年の調査では、数学で二三・六％（同六六・〇％）と三〇・二％（同六二・一％）、国語で三五・六％（同七七・九％）と四二・四％（同七二・六％）。OECD平均よりはるかに少なくなっている。[9] さらに平成二七(二〇一五)年の調査だと、授業以外のすべての教科の一週間の平均学習時間が一三・六時間で、ドイツ、フィンランドに次いで三番目に短かった。[10]

PISAの、特に成績が低迷した時期は二〇〇三年から二〇〇六年にかけてだが、こうした経年変化をたどってみると、PISAの成績とPISAによる授業外学習時間の回答結果を関連付けるのは難しい気がする。前述の中山氏のインタビューでもPISA2003の読解力低下に触れており、PISAをめぐる誤解は当時、かなり広がっていた。

「国民目線」だった？

さて、遠山―小野コンビによる脱ゆとりに向けた動きが進んだころ、いわゆる〈ゆとり教育〉を推進する立場で歩んできた後輩はどう見ていたのだろうか。元事務次官の銭谷眞美氏にも話を聞いた。

前述のように、〈ゆとり教育〉という言葉は使う人によって、その期間のとらえ方が様々だ。「はじめに」でも触れたように、最も広くとらえると、昭和五二（一九七七）年から告示され、昭和五五（一九八〇）年から実施された学習指導要領からスタートしているという見方ができる。銭谷氏は、その五二年改訂の時に係長になり、小学校に生活科ができた平成元（一九八九）年改訂の学習指導要領では中学校課や高等学校課の課長補佐、そして、最も内容を減らしたことが批判された平成一〇（一九九八）年改訂では初等中等教育局ナンバー二の初等中等教育局担当審議官、平成二〇（二〇〇八）年改訂では初等中等教育局長、その後、事務次官を務めた。

四回の改訂に何らかの形で関わってきただけに、「自己教育力」を柱の一つにした昭和五二（一九七七）年改訂の学習指導要領に始まり、「新しい学力観」、さらに「生きる力」をスローガンにした政策に至るまでの説明は立て板に水である。ただ、遠山―小野コンビのゆとり教育見直しの時期には文化庁次長で、初等中等教育には関わっていなかった。インタビューした平成二五（二〇一三）年は東京国立博物館長を務めていた。

銭谷　平成一〇（一九九八）年の改訂のときには、完全学校週五日制の導入に加え、総合的な学習の時間ができたことで、全体の時間数以上に各教科の時間数が減った。ここの説明十分じゃなかったと思うんですけど、総合は遊びの時間じゃないわけですよ。こういう力を付けたい、こういうのが課題じゃないかと各学校が考えて、もっと郷土学習をやりたい、国際理解を深めたい、環境問題を考えよう、言語活動を充実したいといったテーマを持ちながら授業をやる。これは学校へのプレゼントの時間です、国が定めたカリキュラムの枠でやるのではなくて、学校が子供たちに付けたい力を付けてあげる時間だと説明していました。現場では若干準備不足が否めず、隣をみたりして画一化した弊があったが、学校全体、学年全体でカリキュラムを考える、議論するということは、非常に大きな意味があったといまでも思っています。台形の面積など、ちょっと削りすぎた部分があったかもしれませんけども。理念としては五二年から一貫していて、子供たちに身に付けさせたい力というのは明らかなメッセージとしてあったと思う。ところが、平成一〇年の学習指導要領は始まる前から批判にさらされて——。

この時期について、銭谷氏は、信州大学の荒井英治郎准教授のインタビューでは、「私どもとしては、ある程度自信を持っていました」と話してもいる。[11] つまり、銭谷氏は、〈究極のゆとり〉の学習指導要領も、自信を持って世の中に送り出せると考えていた。

銭谷　「学びのすすめ」は当たり前のことを言っているんですね。担当を外れていたので、若干「あれあれ？」と思いましたけど。文部省が勉強しなくていいなんていったことはない。軌道修正して、「学習指導要領は最低基準です」とやって、平成二〇（二〇〇八）年の学習指導要領に移っていった。「ゆとり」という言葉をたまたま使ったが、自己教育力、新しい学力観、生きる力と、言い方は変わっても、考え方は一貫しています。しっかり学び方を学んで、学ぶ意欲を持って問題を設定し考える力を養うという政策が間違っていたとは思っていないですね。平成一九年の学校教育法改正で、こうした新しい学力観に立った教育が重要である旨が規定されました。ＰＩＳＡでも、全国学力・学習状況調査でも、図りたい学力としては、思考力や判断など、新しい学力観に立った学力が中核になっています。

――「あれあれ」というのは、省内にも考え方の違いがあった？

銭谷　僕らからみると、「ゆとりと充実」と言ったけれども、「ゆとり教育」と言っているわけじゃないんですよ。生きる力をちゃんと育てようね、基礎基本は大事だよ、国の基準は最低限のところを決めておいて、あとはそれぞれが勉強していけばいいんであって、かつてのように詰め込んでアップアップするのがいいのか、と。我々の説明が足りないのかなという思いはあったと思うんですよ。

それに対して、平成一〇（一九九八）年の改訂に直接携わっていなかった人は、一般国民と同じ目線でたぶん見たんだろうと思うんですよ。「国民は誤解しているぞ」「自分たちの新鮮な目でみて、勉強するなと言っているわけじゃないぞ」「最低基準って言っているけど、明確に言っていない」。そういう意見の人もいたと思うんですよ。だから勉強しなさい、学習指導要領は最低基準なのだから、それを超えて学校は教えていいんだよと通知で言ったのだろうと思います。それはそれで一つの世の中の反応を見たやり方だと思いますよ。だけど、僕らはなんで分かってくれないのかなという気持ちがありましたね。あれあれ、こういう言い方もあったのだなとは思いましたけどね。

「一般国民と同じ目線」という発言に、筆者はそれこそ、「こういう言い方もあったか」と思った。悔しい思いもあったに違いない。文科省の中で、世論の変化の恐ろしさを実感した一人ではなかったか。

「生きる力」はキーコンピテンシー

もう一人、元文部官僚に登場願おう。銭谷氏の九年先輩に当たる元文部事務次官の佐藤禎一氏。入省年次が昭和三九（一九六四）年で、遠山氏の二年後輩に当たる。ちなみに、辻村氏が昭和四二（一九六七）年、小野氏が昭和四三（一九六八）年、銭谷氏が昭和四八（一九七三）年入省だ。佐藤氏は、中央教育審議会が「二一世紀の教育の在り方」を議論していたころには官房長だったが、高等教育畑ということもあって、教育課程の具体的議論には直接関わっていない。文科省退官後、ユネスコ大使やOECD教育革新センター（CERI）の理事も務めた国際派だ。CERIは、OECD加盟国の教育に関する統計データを収集・分析し、教育政策上の課題に関する指標を開発する役割を担っており、学力論争の火だねとなった国際学習到達度調査（PISA）の学力観の議論に、直接関わってきた経歴を持つ。インタビューをした平成二五（二〇一三）年には国際医療福祉大学教授でCERIの理事は辞めていたが、発言は自ずと、いわゆる〈ゆとり教育〉の国際的背景に及んでいく。

佐藤　これまでの学力というのは知識量を比較することだったわけですが、量の議論は本質を見誤っている。日本ではOECDのキーコンピテンシーを生きる力と説明した。生きる力というのは、自分で問題を見つけて解決する力です。これをコンピテンシーと定義して、それが世界の標準になった。（生きる力が必要だという）その路線は変えていないが、学習時間が減ってきたこととごちゃごちゃになった。当時は労働界もプレスも、学校だけなぜ週六日のままなのだという大合唱だった。週五日制は時間をかけてきた結果なのに批判されてしまう。授業時間が減ったのは文科省としては本意じゃなかったんだけど、役所はそういうことは言わない。文科省としては損な役回りだった。授業時間が減ったことがゆとりだと思っている人が特に産業界に多い。

基礎基本は徹底して教える。全部覚え込ませるなんてことはできないから、そこは自分で問題を見つけて解決するという二階建てだった。しかし、文科省は十分説明していなかったので、基礎基本は徹底してやるんですよということは、一般の人にあまり浸透していない。精選の範囲の議論はあると思う。（減らし過ぎたという意見を反映して、その後）基礎基本の中身を拡充しているというのが私の見方です。いまの政策を着実に実行していけばいい。

平成八（一九九六）年の中央教育審議会の第一次答申のサブタイトルにもなった「子供に［生きる力］と［ゆとり］を」のうち、「生きる力」の方について、文科省は看板を下ろしていない。「生きる力」は分かりにくい言葉だという意見も少なくない。文科省では英訳として「zest for life」（生きる熱意）を使っている。この時の中教審でも、生きる力をどう英訳するか、といったことが話題になり、委員の一人からは、力を付けることを意味するempowermentという言葉が提案されたこともあった。

ＰＩＳＡは前述のように平成一二（二〇〇〇）年から三年に一度実施されてきた。国際的な指標づくりは、佐藤氏が現職の官僚だった一九九〇年代から議論されてきた。つまり、いわゆる〈ゆとり教育〉

の議論とともに進んできたことになる。

そして佐藤氏は「国際的に達成度を測る尺度として、それまではＴＩＭＳＳしかなかったから、ＰＩＳＡの役割は大きかった」と総括した。ＴＩＭＳＳというのは、ＰＩＳＡと並び称される国際学力調査で、「国際数学・理科教育動向調査」と訳される。ＰＩＳＡは知識や技能が実生活の課題にどの程度活用できるかを評価する調査だ。これに対し、ＴＩＭＳＳは、学校のカリキュラムで学んだ知識や技能がどの程度習得されているかを評価する。最初に行われたのは昭和三九（一九六四）年。第三回の平成七（一九九五）年からは四年ごとに実施されてきた。小学四年生と中学二年生が対象で、日本は基本的に好成績を保っている。つまり、もう一方のＰＩＳＡは後発だが、新しい尺度のテストであり、その後の全国学力・学習状況調査の問題にも影響を与えるなど、文科省が重視する国際的な調査となった。

このインタビューの中では、一か月半ほど後に公表されることになっていたＰＩＳＡ２０１２の結果が話題になった。「結構いい結果のような気がするんですけどね」「私もそう思う」。そんなやりとりは、公表前のあくまで感覚的な予測に過ぎなかった。ふたを開けてみると、このときの日本の成績は、ＯＥＣＤ加盟国で読解力と科学的リテラシーが一位（全参加国・地域の中でも四位）、数学的リテラシーが二位（同七位）と、これまでで最も好成績だった。実は、「究極のゆとり教育」のカリキュラムで学んできた世代なのだ。その後のＰＩＳＡの結果も含めて、この点は第三部で改めて取り上げる。

円周率3をめぐる情報戦の〝真意〟

「円周率が３になる」というキャンペーンを展開したのは、中学進学塾の日能研（本部・横浜市）である。

平成一一（一九九九）年秋、首都圏の駅張りのポスター広告で、〈ウッソー⁉　円の面積を求める公式半径×半径×3⁉　2002年、小学5年生は円周率を3・14ではなく、「およそ3」として円の求積計算を行ないます。ホントです。〉とやったのである。ポスターはもう一種類あって、台形の面積が教科書から消えると訴える内容で、〈さようなら、（上底＋下底）×高さ÷2。〉と見出しがついていた。

ただ、前者については結果として、円周率が三・一四であることは当時、すべての教科書に記された。当時の文部省の側からすると明らかにミスリードであるが、いまから考えれば、文部省は情報戦に負けたのである。

あえて情報戦に「乗った」と、その後、代表の高木幹夫氏から公の場で聞いたことがあったが、改めてあのキャンペーンを振り返るとどうなのか聞きたいと思った。代表の高木氏を訪ねたのは、このキャンペーンから一五年後のことになる。高木氏は、意外にも思える話題から切り出した。学力低下を批判するなら、総合的な学習の時間も批判すると思っていたからだ。

高木　ある意味で、総合的な学習は必要なものだと考えています。〈ゆとり〉が何をしたかったのかということについては、正確なところは分からないままだったが、あのまま量的な拡大、量的な競争を続けていてよかったのか、と言ったら、どこかで路線の切り替えがあるとは思います。学校五日制の導入に関しては、労働問題としての当然さはある。ただ、問題なのは、カリキュラム編成で、学校が手放すべきなのに手放せなかったものがある。

――手放せなかったものとは？

高木　一つはスポーツですよね。音楽、美術も、ゼロにする必要はないにしても、半分以上は手放してもよかった。スポーツは地域でやりたい子がやればいい。学校体育の部分は多少残っても、部活は社会スポーツのほうに移行したほうがよかった。そうすると週五日制にしても十分な学びの時間が確保できる。塾が言うのもおかしいが、量的な競争を進めるのは終わらなければいけないというのはその通りだった。

結果として、社会スポーツの世界はこの二〇年余でかなり拡大してきたことは間違いないが、部活動が学校教育から切り離されることはなかった。教員の働き方改革を議論する中で、改めて部活動の在り方が注目される事態となった。その点では、改めて時代の転換点を迎えているわけで、文科省がこの問題で、舵をどう切っていくのかについては第三部で取り上げたい。

冒頭に聞かされると意外な気がしたが、高木氏が総合的な学習を評価するのは本音のようである。日能研はＥＳＤ[12]に積極的で、東北地方を舞台にした林業体験プログラムを提供するなどしている。著書『予習という病』（講談社、二〇〇九、日能研との共著）でも、総合的な学習の時間を「魅力的に映った」「画期的」と評価。さらに、学力について以下のように書いている。

「私は小学生に進学準備教育をすることを職業にしている人間であり、自分の仕事で多くの保護者に満足していただけるよう、努力するだけですが、それでもこう言いたくなることがあります。」

「知識の量だけで学力を語ったら、ダメですよね」

「受験準備学力だけで学力を語ったら、ダメですよね」

ということはもとより、

「進学準備学力を学力のすべてだと語って、いいのでしょうか」

「地域に根差した完結教育を真剣に考える必要性を感じませんか」

だが、学習内容の厳選については、筆者のインタビューにこう振り返っている。

高木　体育の時間は動かず、（学習指導要領で）減らしたくない時間が減った。それに従って教科書が薄くなり、教えることが薄くなって、何なんだと。学習指導要領に上限規程がありましたから、ゆゆしきことなわけですよ。だから、（学習指導要領が）下限規程だという話が出たときに止めました。これでおれたちが文句言う必要がなくなったと。ただ、いまでも学年制の履修主義があるから、先生は、この学年で教えるのはここからここまでという上限規程を持っている。

――改めてキャンペーンの理由を聞きたい。

高木　円周率3の問題は、まじめに学習指導要領を読めば小数点第二位以下の計算はなくなる。下手をしたら入試も使わないことになる。ぼくらにしたら大変なことなんですよ。子供たちが計算の工夫をすることに出会わなくなる。うまく行くと、変数の入り口を学んでいくわけですよ。そういう子供たちが学べるところをやらないよってことになる。ちょっと待ってよ。子供たちを馬鹿にするのかという思いはありました。

だから、文科省が学習指導要領は最低基準だと言い出した時点で、それなら戦いはこれで終わりとばかりに態度をはっきり変えたのだと高木氏は言い切る。実際の学習指導要領の記述は「円周率としては3・14を用いるが，目的に応じて3を用いて処理できるよう配慮するものとする」であり、小数の乗法や除法の計算は「1／10の位までの小数の計算を取り扱うものとする」となっていた。しかし、本書の共著者である辻村氏によると、円周率が3になる話は、臨時教育審議会で重要な役割を果たした慶應大学の加藤寛氏まで、テレビの番組で取り上げるほどの社会現象になってしまっていた。

高木氏は塾の存在について以下のように語る。

高木　確かに昔、競争圧力が高かった時代は、どの塾も合格すればいいとしていて、日能研もそういう面があったと思う。塾ってそんなもんじゃないかと思われていました。でも、競争圧力が下がったいまは、量的な担保から質的な担保に少しずつ動こうとしているんだと思うんですね。

総合的学習の時間は正解だったと思っていますから、あれが動かせなかったところから矛盾が出てきた。一方で、学年制の履修主義がくずせていません。もうちょっと単位制の考えを強くしていけば、習得主義になります。七五三って本当でしょうか。世の中の七割は高校教育に付いて行けなかった人ですか。

——習得主義を義務教育でも入れていくべきだと？

高木　小学校でも中学校でも、それで手に入る自由がある。卒業の概念が修了になるわけです。いまは中学卒業時に半分しか理解していないことになるが、習得主義でいろんな工夫ができます。主体的に学ぶことにつながる。遅いけど理解できたということがあっていい。

いわゆる〈ゆとり教育〉が問題視された時代、塾は、ある意味で学校教育から敵視される存在だった。見直しの時期までは、学習指導要領との関係で、私立中学や高校の難問・奇問を、文科省が調べて公表していた。

筆者も、塾通いによる生活の乱れやストレスによるトラブルは、いまでも問題だと考える。ただ、塾通いをよくないものと決めつけるのは一面的だとも思う。

いまでは、ＩＣＴ環境の整備と個別最適化の名のもとで、学校教育に塾的な要素が急速に入り込んできている。この点も第三部で触れるが、時代はある意味で百八〇度転換したのかもしれない。そして、「学習到達度や学習課題等に応じた異年齢・異学年集団での協働学習の拡大」まで言い出しているのだから、いずれ習得主義の色はこれまでより濃くなっていくはずだ。

「学習指導要領は最低基準」のあいまいさ

さて、高木氏が指摘する学習指導要領の位置付けについて、学力低下批判に耐えきれなくなってきた文部省が最低基準だと明言し始めたのは、平成一二（二〇〇〇）年の大島理森文相のころからのようだ。この年の暮れの読売新聞の鼎談でも、ゆとり教育の旗振り役と呼ばれた寺脇研氏（当時は大臣官房政策課長）が、「新指導要領で示しているのは、すべての子どもに確実に身に着けてもらわねばならないミニマム・リクワイアメント（最低限の要求基準）だ。指導要領を標準としていたこれまでとは考え方が違う」と発言している（二〇〇〇年一二月二〇日付）。

このころ、学習指導要領は以前から最低基準だったと言う文部官僚は少なくなかった。しかし、学習指導要領には、「…は取り扱わないものとする」「深入りしないよう配慮するものとする」「…に示す事項にとどめ、網羅的に取り上げないようにする」「扱う…は…のみとする」「…については触れないこと」といった歯止め規定がたくさんあった。基礎基本を精選するという方針であればなおさらである。この歯止め規定と最低基準の矛盾は説明のしようがない。

また、「現役文部官僚が直言」と称して大森不二雄氏が出版した『「ゆとり教育」亡国論』（ＰＨＰ研究所、二〇〇〇）にも、文部省が学習指導要領を最低基準と考えていなかった証左がある。この本の中で大森氏は一〇項目のアピールをした後、「学力向上を目指す教育改革試案」の一〇項目を挙げている。この改革試案の中には「学習指導要領を最低基準化する」という項目が入っているのだ。

大森氏は前述の銭谷氏より一〇年後輩に当たり、出版当時は厳密には米国大使館勤務だった。アピールには、「学校は勉強する所である」「勉強は良いことである」「教えるべきことは教えなければならない」など、「学びのすすめ」以上に常識的な点も多いが、勉強が良いことかどうかを問わなければいけない時代になってしまっていたということだ。

学習指導要領の位置付けをめぐる混乱は、「学習指導要領の基準性を明確にした」と言われる平成一五（二〇〇三）年の学習指導要領の部分改訂につながっていく。このころ筆者は本社に戻って教育取材を続けていて、「なぜそんな難しい言い方をするのか、最低基準にしたと言わないのか」と、担当課長にしつこく聞いた記憶がある。筆者は、学習指導要領の基準性をあいまいにしたまま教科書検定が厳格に行われ、教科書まで薄くなってしまったことが、いわゆる〈ゆとり教育〉批判を決定付けたと思っている。

学習指導要領の基準性について、共著者の辻村氏は、学習指導要領の総則には、二〇年前の当時から「学校において特に必要がある場合には、第二章以下に示していない内容を加えて指導することができる」とあり、学習指導要領に示されていない教育内容を指導してはならないことにはなっていないと反論する。「最低基準をめぐる議論は、学習指導要領が一定の弾力的・柔軟な指導を認めていることへの認識を欠いたまま行われたとの感を否めない」というのである。

ただ、社会一般にその点が伝わっていたかは疑問である。

「分数ができない大学生」とは何だったか

さて、日能研の「円周率が3になる」のキャンペーンとともに、いわゆる「ゆとり教育」批判の急先鋒だったのが、数学者たちだった。中でも「数の計算などの小学校レベルの計算もできない学生が、私立のトップ校でも約2割もいます」（「はじめに」）というデータを示した『分数ができない大学生』（東洋経済新報社、一九九九、岡部恒治、戸瀬信之、西村和雄）は、その刺激的なタイトルもあって、インパクトが大きかった。

確かに前述のようなデータは示されているが、この本自体にも誤解が多かった。そもそも、「はじめに」にはこんなことも書かれている。

この調査結果から誤った結論を導かれることは本意ではないので、そのことについてもお話しておきます。そのひとつは、『分数の計算ができないのは、小学校の教育に欠陥がある』との断定です。（中略）原因は私立文系の学部が入試から理系科目を外していることにあります。（中略）まったく分数の計算をしなければ、それを忘れていくのは当然のことです。

もちろん、「分数を取り上げたのは、状況が分かりやすいから」でもあり、中学校や高校の数学、英語、国語といった基礎科目全体の学力低下を問題視していることも述べている。ただ、この本は寄稿集であり、執筆者は日本数学会や日本経済学会に所属する大学教員だけではない。企業の研究員は創造性を論じ、小学校の教員は「考えることをやめてしまった」子供たちの危機を憂い、考える「ゆとり」の必要性にさえ触れている。当の数学者が大学教育における教員の責任を自嘲気味に書いた論考もある。非常に多様な中身であり、タイトルだけで判断してはいけない内容なのである。

この本の主要な主張は、高校の早い段階で文系理系を分けることの問題であり、その大きな原因が入学試験で私立大学が課す科目の少なさにあるということだ。筆者は、この本が話題になったころには地方勤務だった。そのせいもあって、何年も経ってからこの本を読んだ。読後感は、いわゆる〈ゆとり教育〉批判の急先鋒だったとされたのが意外に思えるということだった。

また、この本のタイトルの『分数ができない大学生』のデータそのものも、のちに数学者の神永正博氏が『学力低下は錯覚である』（森北出版、二〇〇八）で疑問を呈している。

例えば、難関私立大学の数学未受検者の中にも、小学生レベルの四則計算（出題は五問）ができない大学生がいるという根幹部分だ。具体的には、五問全問正解者が七〇％台から六〇％台で、「私立大学文系の入学者の大多数が数学を受験していないことを考慮すると、この数字は私大文系卒業生を雇用する企業側にとっても深刻である」というのだ。しかし、神永氏によると、五問中、個別の正答率が示されているのは一問だけなので、そこから計算すると個々の問題の平均正答率はもっと高いというのである。本書は、『分数ができない大学生』以外にも、ＰＩＳＡの順位について見方など、学力低下とされた様々なデータを別の視点から切り込んでいて興味深い。

ボタンの掛け違いはどこに？

このように見てくると、いわゆる〈ゆとり教育〉批判の根拠となったいくつかの事項には、誤解が錯綜しているように見える。ボタンの掛け違いは、どこで起きたのだろうか。学校週五日制の実施か、教育内容の厳選・精選か、それに忠実すぎて薄くなった教科書検定か。筆者にはもっと大きな社会の流れがあったような気がする。

また、現在でもそうなのだが、教育政策を進める文科省の内部でも、ゆとり派と脱ゆとり派の考え方には大きな開きがあるように思う。教育政策は二項対立に陥りやすい。それは、いわゆる〈ゆとり教育〉に限らない。道徳教育や国旗・国歌問題、教育基本法改正などでも、文科省内部には様々な考え方をする人がいたようだ。

そして「はじめに」で示したように、〈ゆとり教育〉という言葉は、語る人によってその時期が違うことが、議論の混乱に拍車をかけてきたのだ。昭和五二（一九七七）年改訂の学習指導要領から「脱ゆとり〉に至るまで、教育内容は〈第一のゆとり〉〈第二のゆとり〉〈究極のゆとり〉と、ほぼ三〇年間かけて減らされていった。〈第一のゆとり〉で小学一年生から学んだ世代は、昭和四九（一九七四）年度に生まれた人だから、もう四〇歳代半ばになっている。『分数ができない大学生』で示された日本の大学生の数学の学力調査は、平成一〇（一九九八）年度に行われている。彼らもまた〈第一のゆとり〉の教科書で小学生時代を送った世代で、やはり四〇歳代になっている。

ちなみに、〈脱ゆとり〉の学習指導要領改訂が二回進んだことで、文科省が定める標準授業時数はどう変化したか。小学校の年間総授業時数は、〈第二のゆとり〉の五七八五時間から〈究極のゆとり〉で五三六七時間まで減っていたが、脱ゆとり第一弾で五六四五時間に。中学校も三一五〇時間が二九四〇時間に減り、三〇四五時間に戻った。そして令和二（二〇二〇）年度から段階的に実施されつつある第二弾では、高学年での英語の教科化などに伴う時間増で、小学校は五七八五時間と、〈第二のゆとり〉まで戻ることになるが、中学校は変わらないままだ。小学校の場合は特に、学校が六日制から月二回の土曜休みだった時代と同じ時間を、完全学校週五日制下でこなすことになる。もっともこの数値も〈標準授業時数〉の積み上げに過ぎないので、実態は別の数字となる。朝の時間の活用や長期休暇の短縮とともに、土曜授業の既成事実化はより進むことになるのだろうか。

社会背景が政策を変える

時計の針をもう一度、平成のヒトケタ台に戻そう。筆者自身を含め、なぜある時期まで、政治家やマスメディアはゆとり推進派だったのだろうか。それは、当時の社会情勢を抜きには考えられない。二一世紀の教育の在り方を中教審が議論し始めた平成六（一九九四）年から、筆者が旧文部省記者クラブの担当になった翌年にかけての二年間は、平成の中でも激動の時期だった。どんな時代だったかを改めて確認するとともに、自分が新聞で書いた記事を振り返っておきたい。

平成六（一九九四）年六月二七日、松本サリン事件が起きた。発生当初はオウム真理教メンバーの仕業だとは見られなかったものの、オウム真理教は社会的に奇異な目で見られており、その勢いが強まることは社会が不安定であることの現れと見られていた。松本サリン事件のわずか三日後の六月三〇日、社会党の村山富市委員長を首班とする自民党、社会党、新党さきがけによる自社さ連立政権が誕生する。自民党と社会党が公に手を結ぶということ自体が大きな衝撃だった。その村山内閣の下で、翌平成七（一九九五）年一月一七日、阪神・淡路大震災が発生する。そして三月二〇日には、地下鉄サリン事件が、三〇日には警察庁長官が狙撃される事件も起き、社会不安は増大していた。その夏には文部省と日本教職員組合（日教組）の和解が成立した。平成史に残る出来事が次々と起きた二年間だった。

オウム真理教の信者たちが引き起こしたサリン事件では、エリート批判が起きていた。医師や大学院を出た優秀な若者がなぜ、オウムという荒唐無稽な主張をする組織に取り込まれていったのかという問題は、現代社会に対する大きな問いかけとなった。そして、六四〇〇人を超える犠牲者を出した阪神・淡路大震災は、当時者はもちろん、その光景を目にした多くの人の人生観を変えたと言われている。さらに、文部省と日教組の和解は、ある意味で自民党と日教組の和解であり、自社さ政権ができなければ実現したかどうか分からないという見方もできる。

同時に、いじめ自殺が社会的に注目される第二の波[13]が来ていた。平成六（一九九四）年に起きた愛知県西尾市立東部中学校の大河内清輝君のいじめ自殺は、その遺書によって壮絶ないじめの態様が明らかになり、その後に続いたいじめ自殺によって、学校や教育行政の在り方が根本から問い直される事態となった。

いわゆる〈ゆとり教育〉と対で語られる学校週五日制は、そもそも労働問題から出発していた。国家公務員の週休二日制実施が先行し、教職員は週休二日制をどうするかという議論は欠くことができなかった。また、教職員の週休二日制への移行は日教組がこれ以前から求めてきた重要事項だった。教育界では学校週五日制という呼び方がされるが、当初は教職員の週休二日制の問題だったのだ。この時代は、〈エコノミック・アニマル〉という言葉とともに、日本人の働き過ぎが批判されており、日本人は世界からは〈ウサギ小屋〉に住む〈働きバチ〉と揶揄されていた。

これらの事件や災害をはじめとする社会的な事象が、ゆとりが必要だという中教審の議論に影響したことは間違いない。非公開だった審議会後のブリーフィングでも、その点はひしひしと伝わっていた。

一方で、臨時教育審議会以降の個性重視の姿勢が、中教審の議論のベースになっていた。当時は、詰め込み教育や過度の受験競争に対する批判が渦巻いていた。当時の中教審に対しては、「いじめや校内暴力、不登校、高校中退、子供の自殺、ゆとりのない子供の生活実態、子供の体力低下、生活体験や自然体験不足、通塾の実態、ボランティア参加経験といったデータが示された。

偏差値の偏重や過度の受験競争（あるいは〈受験戦争〉）といった、当時は当たり前に語られた言葉が、少子化が進んだいまでは過去のものになりつつある。そして、当時も、本当に詰め込み教育や受験競争が深刻だったのかは、改めて問い直す必要もあるのだろう。

自分は何をしてきたか

変化が激しかったその時代に、筆者がどんな取材をし、どんな記事を書いていたかを、少し振り返ってみる。平成七（一九九五）年の阪神・淡路大震災のときには、東京都内版で教育問題を担当していたが、あえて志願して、東京都内の教員の応援部隊と一緒に神戸市内の避難所に泊まって記事を書いている。

文部省記者クラブ所属となる直前に、文部省と日教組の和解が成立したため、クラブの記者としての最初の取材は、日教組幹部を取材することだった。文部省との和解が成立した当時の日教組の書記長は、たまたま筆者と同郷で、偶然にも、高校時代、別の高校のバスケット部の顧問と生徒として、同じコートに立った経験があった。そのとき、路線転換のための運動方針案について、この書記長から「路線転換の基本部分は一字一句変えない。たとえ誤字があってもだ」という強い決意の弁を聞き出して記事にしている。実際には運動方針案の資料に大きな誤字があったという笑い話になるのだが、いかに過去と決別することが大きな決断だったかを示す発言となった。

そして、文部省記者クラブ所属になって間もない平成七（一九九五）年に書いた記事として、「学校5日制実施から3年　今も模索続く現場」という解説がある。[14] これを改めて読んで気付くのは、当時盛んに使われた「受け皿」という言葉である。この時点で公立学校の土曜日は、月二回休みになっていた。そして休みになる土曜日には、子供たちが過ごす場としての「受け皿」が必要で、そうでなければ塾通いばかりが増えることになってしまうという論理だ。当時から四半世紀たったいまは、「受け皿」も増えたように思う。

この記事では、日本PTA全国協議会がこの年に行ったアンケート結果を紹介していた。「完全五日制が望ましい」という回答は四人に一人だけだった、と記事にある。一方で、「現在の五日制で子供はどう変わるか」という質問には、「ゆとりある生活ができる」が最多で、「学力低下が心配」という声は一割強だったと書いている。この時点では、学校週五日制への理解が必ずしも進んでいたわけではないものの、学力低下への懸念も、さほど高くなかったことが分かる。

次の署名記事として、平成九（一九九七）年の「教育課程審のカリキュラム審議　授業時数の縮減など大胆な改革期待」という解説がある。[15] この記事は、〈第二のゆとり〉から〈究極のゆとり〉に移行するに際して、授業時数をどれだけ減らすかという問題を論じている。教育課程審議会の議論は、完全週五日制に移行するのに際して、現行の月二回の五日制の分を抜きにして、残る二回分だけ減らす方向であるのに対し、もっと大胆に減らすべきではないかと主張している。〈ゆとり世代〉記者の真骨頂と言えるのかもしれない。

いまでは筆者も、授業時数をそれほど減らさないままで、ゆとりを作ったほうがよかったというふうに考えているものの、その一方で「学校がすべてを背負ってはいけない」という、当時盛んに主張された論理は正しいと考える。現在の「働き方改革」でも問われている問題だ。そして興味深いのは、この記事の中で、東京都内の市立中学校長の、こんな声を紹介していることだ。

「午前中は机に向かう授業、午後は地域も巻き込んだ体験学習、といった思い切ったことができるような改革を期待する」

座学は午前中だけで、午後は体験学習的な内容にするというのは、大胆過ぎると思われるかもしれないが、昨今注目を集め、公立学校にも導入しようという動きがある「イエナプラン」のカリキュラムでも見られることなのである。

そして、平成一六（二〇〇四）年には、「揺れる指導要領　教育課程の基準『ゆとり』改め『学力重視』」という記事を書いている。[16] この記事は、学習指導要領の基準性を明確化した、つまり学習指導要領が最低基準であることを明示した改訂を受けた解説記事だ。この改訂より先に、高校の教科書検定が、学習指導要領の内容を超えた「発展的記述」を認めていた。このときの改訂で、総合的な学習の時間について、教科学習と関連付けることや、学校で目標や内容を定め、全体計画を作ることも求めたのだが、その後の総合的な学習の時間が充実してきたかは心もとない。

「ゆとり世代」の声

筆者はその経歴ゆえに、いわゆる〈ゆとり教育〉の推移に一貫して関心を寄せてきた。現職の記者時代、大学で講演をするような機会があると、学生にゆとり教育についてアンケートを試みた。平成二一（二〇〇九）年ごろのことで、まさに〈ゆとり世代〉と揶揄された時代の大学生たちである。対象は中部地方の複数の私立大学の学生である。

アンケートでも多くが、「あいつら〈ゆとり〉だから」などとからかわれた経験を持っていた。「ゆとりという言葉が差別語になっている」などと嫌悪感を示す学生が少なくなかった。しかし、〈ゆとり教育〉

に対する評価は大きく分かれた。「ゆとり教育は失敗だった」「もっと学べたと思うと残念」とはっきり書く学生や、「空き時間ができれば、学習意欲が増すという考えが甘かった」と政策担当者を批判的に見る学生もいた。

一方で、「自宅で勉強しないのなら、授業時間を増やしても変わらないと思う」という冷静な分析もあった。学校万能主義に対する痛烈なメッセージである。「学校でどれだけ教えようとして説明しても話を聞いていない生徒は聞こうとしないし、宿題もやらない。しっかりやる生徒は自分からやろうとする」という意見も、同様だろう。

さらに、「ゆとり教育に転換しなければ、型にはまった生き方しかできない人間が増えていたのではないか」と、ゆとり教育政策を評価する声や、「この年になり、多くの年代の人と付き合ってみて、決して学力は下がっていないと思う」と見る学生もいたのである。[17] とりわけ前者の意見は、課題発見や課題解決の能力と新たな価値の創造が求められている現代に通じるのではないだろうか。

高校生の学習時間の減少

「自宅で勉強しないなら同じことだ」という声も、改めて考える必要があるだろう。後述するように、現在でも、高校生の学習時間の少なさは繰り返し指摘されている。

この時代、脱ゆとりに向けた動きの中で、大きな役割を果たした人の一人として、教育社会学者の苅谷剛彦氏（当時は東京大学教育学部教授、現オックスフォード大学教授）の研究データがある。苅谷氏については、平成六（一九九四）年から二年間、当時の教育課程担当である小学校課長を務めた上杉道世氏が、こんなことを書いている。

「ゆとり教育」の成否を巡って登場した様々な論客の顔ぶれには、ただ騒動に便乗して、若者に見られる良くない現象はみな「ゆとり教育」のせいだと言わんばかりの論者が多かったが、それとは別に具体的なデータとその分析を示しながら説く議論は傾聴すべきだと思った。その中の一人が苅谷剛彦氏である。[18]

ゆとり教育批判のキャンペーンが起きたのは、上杉氏の後任者の時代になるが、上杉氏も当事者の一人として、一日置いていたということになる。

苅谷氏はその著書『階層化日本と教育危機―不平等再生産から意欲格差社会へ』（有信堂高文社、二〇〇一）で、「『受験教育の弊害を批判するあまり、教育改革の流れは『ゆとり』をもった『楽しい学校づくり』に向かっている」「『過度の受験競争』が喧伝される一方で、実態としては、子供の学習離れが確実に進み、中学生、高校生、大学生の基礎学力が低下している」と述べている。

苅谷氏が注目するのは階層差であり、低い階層の子供たちの勉強への取組みだった。苅谷氏の調査では、昭和五四（一九七九）年と平成九（一九九七）年の高校生の学校外での学習時間が大きく減少した。この間、少なくとも高校生の勉強離れが進んだことになる。具体的には例えば、一日三時間以上勉強した高校生は一六・八％から八・四％へ、一時間から三時間以内が四〇・二％から三五・〇％へ減少、逆に学習時間ゼロの高校生が二二・三％から三五・四％に増加した。平均値で一時間三七分から一時間一二分へ、二五分の減少となる。

しかも、専門・管理職、大卒の親を持つ高校生に比べて、マニュアル職や中卒の親を持つ高校生の学習時間の幅が大きくなっていた。このデータの期間は〈第一のゆとり〉以前の、最も学習内容が多かった学習指導要領で学んだ高校生と、〈第二のゆとり〉で学んだ高校生との比較になる。

一八歳人口は、第二次ベビーブーマーたちが高校卒業期を迎えた平成四（一九九二）年の二〇五万人をピークに、基本的に減少を続けている。競争圧力がさらに低下するとともに、格差社会が進んだとも言われる現代と比較したら、どういう結果が出るのだろう。この点も第三部で改めて触れることになる。

世論の恐ろしさ

最後に、不安を増幅させる世論の恐ろしさということを記しておきたい。

学力が低下したと言われる問題について、そうしたデータがなかったと言うつもりはない。しかし、それが冷静に論じられたかというと、それもまた否定せざるを得ない。そして、何でも〈ゆとり教育〉のせいにする風潮が蔓延してしまった。

例えば、小学生の天文知識をめぐるデータが平成一六（二〇〇四）年の天文学会で公表された。小学校高学年で太陽が地球の周りをまわっていると考えている子供が四割強、小学校四年生以上で日没の方角を西と答えられなかった子供が三割近くいた。この調査結果に、専門家から学習指導要領の不備が指摘されたのだ。しかも、この結果が記者から当時の河村健夫文科大臣にぶつけられた。幸い、河村氏は学習指導要領のせいだという見方はしなかったが、記者が言わせようとしていたきらいもある。これは明らかに親子での日常生活の体験不足が影響している。特に、日が東からのぼり、西に沈むようなことは、筆者自身の子供たちへの取材や自身の子育て経験からも、親子の会話で自然と身に付くことだと分かる。

「ゆとり（世代）だから」と揶揄されたのは大学時代だけではない。新卒社員をどう見るかといった調査ものでも同様だった。例えば「２００９年度新入社員にみる　ゆとり世代の特徴」という調査分析レポートがある。学校法人産業能率大学の調査で、「ゆとり世代」は〈「指示待ち」でミスが怖い〉。〈就職先は〝中身〟より〝外見〟重視〉といった特徴が示された。

のちに日本テレビで放映されたドラマ「ゆとりですがなにか」（二〇一六）は、この世代をコミカルかつシニカルに描いた秀作だったが、何でもゆとりのせいにする風潮は、当時、マスメディアが作っていたことは間違いない。

報道の影響という点では、〈究極のゆとり〉の教育内容が、〈第二のゆとり〉に比べて内容を三割削減したという言説も、実はあやしい。授業時間以上に内容を減らしたというメッセージは、辻村氏の言うように文科省サイドが求めたことだが、その量については、筆者もその場にいた記者会見で、記者側が無理やり言わせたきらいがある。減らした量が示せないと報道しにくいという事情によるものだ。その数字の一人歩きに懲りた文科省は、「脱ゆとり」の記者会見では、どれだけしつこく聞かれても何割増やしたかは答えることがなかった。

こうした意味でマスメディアの責任も重い。だが、いまはソーシャルメディアが世論をリードすることも目立つようになってきた。教育政策をめぐっても、ミスリードがこれまで以上に起きはしないだろうか。その懸念は強まっているのではないか。

そしてマスメディアだけではなく、報道の影響を受けた政治家も踊ってしまう。平成時代を振り返る連載で朝日新聞が、読解力の低下でPISAショックと呼ばれた平成一六（二〇〇四）年一二月の自民党の会合の様子をこう書いている。

「担当局長はこの結果を予想していたのか」「だれが責任をとるのか」04年12月、自民党の会合で怒声が響いた。経済協力開発機構（OECD）が実施する学習到達度調査（PISA）の結果を説明していた文科省幹部たちは、頭を下げるしかなかった。[19]

PISAの結果の見方については、この章でも様々な指摘をしてきた。この点に関して文科省幹部は、必ずしも頭を下げる必要はなかったのかもしれない。そうしたデータを見る冷静さを、政治家が欠いていたエピソードと言えるのではないか。学力問題に限らず、こうした政治主導のゆがみは、繰り返されてきたともいえるだろう。

◉注釈

1　当時の中央教育審議会は二つの小委員会を置くだけのシンプルなつくりだった。会長は有馬朗人・元東京大学総長、第1小委員会は河野重雄・東京家政学院大学長（元お茶の水女子大学長）、第2小委員会は木村孟・東京工業大学学長が座長を務めた（巻末資料xvi頁の名簿参照）。
2　小・中・高に「総合科」　環境・情報など主眼の新教科設置　中教審が提言方針（読売新聞平成八年三月三日付朝刊一面）
3　小中学校の新指導要領案　先生に難題「総合的学習」　マニュアルなく困惑（読売新聞平成一〇年一一月一九日付朝刊社会面）
4　東井義雄（一九一二―一九九一）は日本のペスタロッチと呼ばれた。
5　町田市立忠生中で教師が生徒を刺した事件。生徒は軽傷だったが、荒れる学校現場の象徴的な存在になった。
6　二〇〇〇年調査国際結果の要約https://www.mext.go.jp/b_menu/toukei/001/index28.htm（二〇一九年一二月二七日最終閲覧）
7　日本の15歳、数学応用力1位・科学応用力2位　読書時間は最低／OECD調査（読売新聞平成一三年一二月五日）
8　PISA（OECD生徒の学習到達度調査）2003年調査https://www.mext.go.jp/b_menu/toukei/001/04120101.htm（二〇一九年一二月二七日最終閲覧）
9　「生きるための知識と技能5　OECD生徒の学習到達度調査（PISA）2012年調査国際結果報告書」（国立教育政策研究所編、二〇一三）
10　「生きるための知識と技能6　OECD生徒の学習到達度調査（PISA）2015年調査国際結果報告書」（国立教育政策研究所編、二〇一六）
11　教育政策オーラルヒストリー銭谷眞美（二〇一八）
12　Education for Sustainable Developmentの略で、持続可能な開発のための教育を指す。
13　『いじめとは何か』（森田洋司、中央公論新社、二〇一〇）では、第一の波として、東京都中野区立中野富士見中のいじめ自殺（一九八六年）の時期、第三の波のとして、二〇〇五年から二〇〇六年の時期を挙げている。
14　読売新聞一九九五年九月八日解説面
15　読売新聞一九九七年五月一一日解説面
16　読売新聞二〇〇四年一月一一日解説面
17　このアンケートは「「脱ゆとり」だけでは学力は伸びない」（中西茂、中央公論、二〇一〇年五月号、八二～八九頁）でも紹介している。
18　「大学マネジメント」誌二〇一三年七月号、「大学マネジメントのためのBOOK・DIGEST」
19　平成とは　あの時：6　ゆとり・学力、揺れた政策　編集委員・氏岡真弓（朝日新聞二〇一八年三月二〇日）

第三部　教育現場が置かれた現状と教育政策

中西　茂

いわゆる〈ゆとり教育〉をめぐって、第二部までで取り上げたのは、主に平成ヒトケタ台の後半から一〇年代の半ば、西暦で言えば一九九〇年代後半から二〇〇〇年代の動きであった。それから二〇年前後が経過し、〈究極のゆとり〉から数えて二度目の改訂をされた新しい学習指導要領が、令和二（二〇二〇）年度にまず小学校で実施に移された。一〇年ひと昔というが、〈脱ゆとり〉という言葉さえも過去のものになりつつある印象だ。

新しい学習指導要領を評価する声は多い。これまでと明らかに違うのは、「何を学ぶか」だけでなく、「どのように学ぶか」、「何ができるようになるか」まで示したことである。前文も付き、総則の分量も多い。「深い学び」とカリキュラム・マネジメントも求められている。そうした重厚さに加え、小学校でのプログラミング教育や英語の教科化など、新たな内容も加わっている。それゆえに、この学習指導要領に対して過密感を覚える現場の教員も少なくない。学校が多忙化を極める中で、ここまでのことを全国の学校で実現できるのかという声が消えない。学習指導要領で描いた理想が現場に降りたときにうまく回るのか。担当課の課長や室長、中央教育審議会の委員までが動画に登場して、その趣旨を伝えるという、かつてない試みも行われているが、現実はそう甘くないだろう。

皮肉な言い方をすれば、理想を追い求めそれが理想通りにはいかなかった「ゆとり教育」と同じ轍を踏むことはないのだろうか。国の行政と学校現場の乖離は、いつの時代も避けて通れないものなのか。本章では、その点まで考えたいと思う。

第一章　データで見る四半世紀

いわゆる「ゆとり教育」の時代から四半世紀を経て、ゆとりが必要とされた時代の社会の懸念はどうなったのか。なくなったのか、依然として存在するのか。一つひとつのデータから、まず社会の変化を確認しておきたい。

「受験戦争」は死語

四半世紀前には〈受験地獄〉や〈受験戦争〉という言葉が当たり前のように使われていた。〈究極のゆとり〉に向かう中央教育審議会や、それに先立つ臨時教育審議会の議論の中でも、過度の受験競争という言葉が枕ことばのように使われていた。

ちなみに、「受験戦争」という言葉が新聞にどれほど登場するか、読売新聞の記事データベース「ヨミダス歴史館」で数えてみた。昭和六二（一九八七）年から平成二（一九九〇）年までは年間三〇件台だが、平成三（一九九一）年は五八件、平成四（一九九二）年は五九件、平成六（一九九四）年も五一件を数える。平成八（一九九六）年以降は二〇件台から三〇件台を行ったり来たりするが、平成一九（二〇〇七）年以降は一〇件台となる。平成二〇（二〇〇八）年に作家の島田雅彦氏が、「受験、もう『戦争』ではなく」と見出しのついた寄稿をしているのが象徴的だ。まさにこの時期から「受験戦争」は「死語」になり始めたのだろう。最近ではヒトケタの年も多い。検索語としてのカウントなので、本来は記事の一本一本について、その時代のことを書いているのか、日本のことを書いているのかについてチェックし、絞る必要があるが、少なくとも二〇一九（平成三一、令和元）年の一一件は、すべて他国か過去の話として使われていた。

一九七〇年代前半生まれの団塊ジュニア世代が大学受験期を迎えた一九八〇年代の終わりから九〇年代初めは、一八歳人口が二百万人を超え、確かに受験競争は激しかった。しかし、最近ではその一八歳人口が一二〇万人を切っている。大学・短大等への進学率は平成元（一九八九）年の時点で三〇％そこそこだったが、令和元（二〇一九）年には六〇％近くに達した。昭和の終わりごろから増加傾向を見せた浪人生は、平成四（一九九二）年には二八万人を数えたが、いまでは七万人程度にとどまっているようだ（大手予備校河合塾の推計値）。いまでは推薦入試やＡＯ入試で大学に進む高校生が私立大学では過半数を超えている。本来の狙い通りになっていないこれらの選抜方式は、大学によって「学力不問」の入試という、ありがたくない見方をされてしまっている。「過度の競争」が過去のものになっていることは間違いないだろう。

読書数は改善、課題は高校生

読書量の多寡は、学力の前提の一つである。全国学校図書館協議会と毎日新聞社による学校読書調査は、毎年五月に小学生から高校生までの一か月間の読書の状況を集計してきた。この調査によると、平成元（一九八九）年から令和元（二〇一九）年まで、この三〇年ほどの間で、小学生（四年生以上）が読んだ本は平均六・三冊から一一・三冊へとかなり増えたことが分かる。学校での朝読書が定着した影響だろうか。また、中学生も二・一冊から四・七冊と二倍以上になっている。ところが高校生は一・三冊から一・四冊と横ばいだ。高校生で最も低かったのは、平成九（一九九七）年、平成一〇（一九九八）年の一・〇冊。ちょうど〈究極のゆとり〉のカリキュラムが議論されていた時期にあたる。

一か月に一冊も読まなかった「不読者」は、平成一四（二〇〇二）年を境にして、特に中学生で減る傾向にある。ピークだった平成九（一九九七）年は五五・三％もあっ

過去31回分の５月１か月間の平均読書冊数の推移

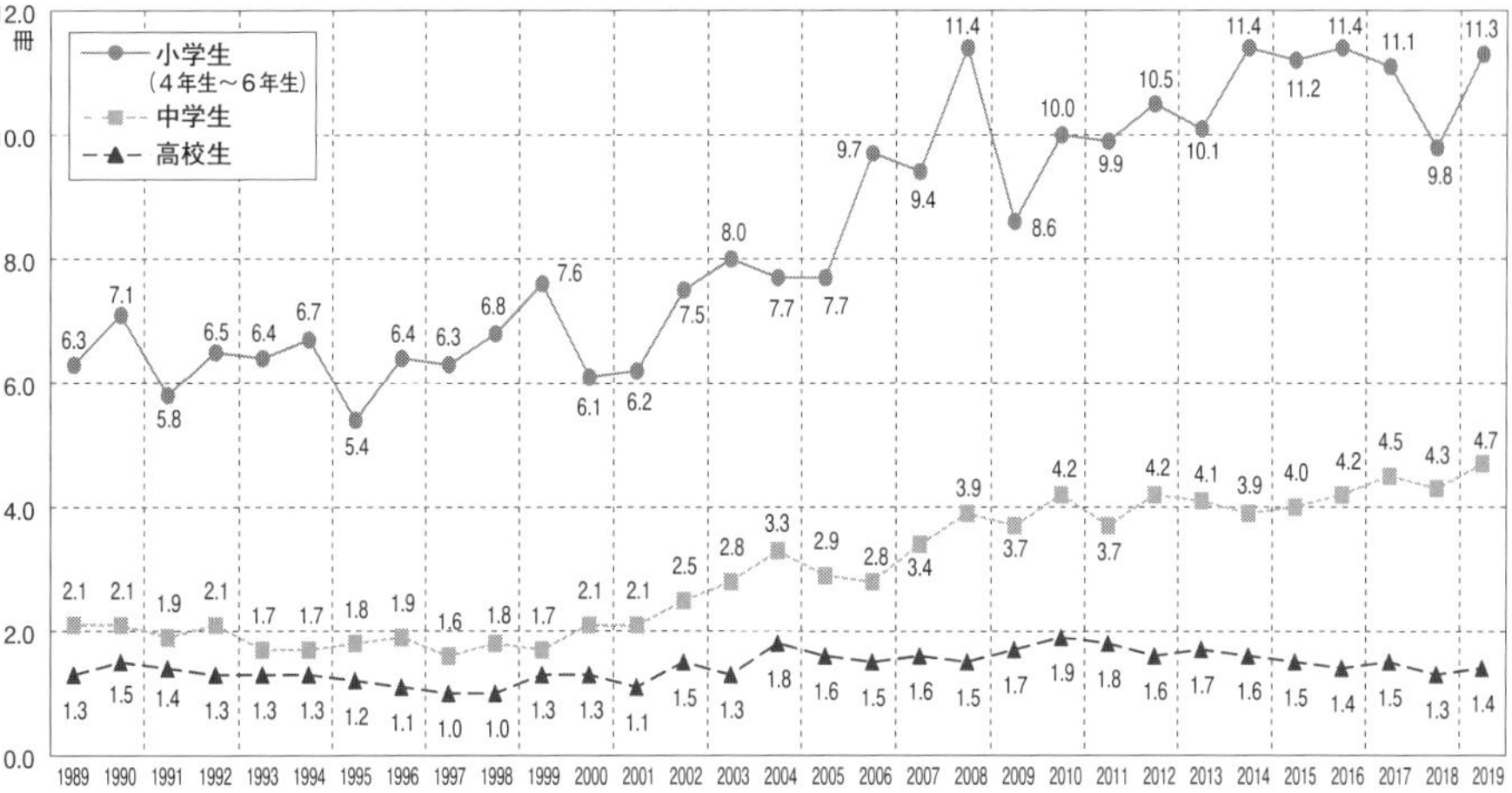

（出典：全国学校図書館協議会「第65回学校読書調査報告」『学校図書館』2019年12月号）

たが、令和元（二〇一九）年には一二・五％まで減った。小学生も平成一三（二〇〇一）年までは一〇％台だったが、一四（二〇〇二）年以降はヒトケタ台が続き、令和元（二〇一九）年には六・八％となっている。しかし、高校生の減り方は限定的だ。平成一四（二〇〇二）年までが五〇―六〇％台で推移し、やはりピークだった平成九（一九九七）年には六九・八％にまで達していた。平成一五（二〇〇三）年以降も四〇―五〇％台で推移し、令和元（二〇一九）年は五五・三％となっている。依然として過半数の高校生が、月に一冊も本を読んでいないことになる。

分岐点がちょうど、〈究極のゆとり〉の学習指導要領が実施された年に当たるというのは、〈究極のゆとり〉の学習指導要領のおかげか、「学びのすすめ」など、その直後の政策転換によるものかは判別が難しい。いずれにしても、高校生については、依然として課題が継続していると言っていいだろう。

もっとも、前述のPISA2018で、OECDは生徒質問調査の中で、「読書」について「本、雑誌、新聞、ウェブサイト、ブログ、メールなどの多様な読み物を含みます」と断っている。国内の調査でも、これらを区別しないで答える大学生がいるという声を、筆者も耳にしている。スマホ世代は、これから読書調査自体が難しくなるかもしれない。

学習時間は高校生も遅れて増加

次に、苅谷剛彦氏も指標にした学習時間を見てみよう。ベネッセ教育総合研究所は「学習基本調査」の名で、小学五年生、中学二年生、高校二年生を対象に、学習に関する意識や実態の調査を続けてきた。初回が平成二（一九九〇）年で、平成八（一九九六）年、平成一三（二〇〇一）年、平成一八（二〇〇六）

年と、五、六年ごとに実施され、第五回調査はやや飛んで平成二七（二〇一五）年だ。

その結果、平日の学習時間の平均は、小中学生の場合、平成一三年が底で増加に転じている。高校生は小中学生より遅れて平成二七年になって明らかに上昇した。具体的に数字を示すと、小学生は、平成二年の平均八七・二分が平成一三年には七一・五分まで減り、平成二七年には九五・八分に増えた。中学生も同様に、九六・九分が八〇・三分まで減り、九〇・〇分まで増えている。高校生は平成二年の九三・七分が平成一三年に七〇・六分まで減り、平成一八年も七〇・五分だったが、平成二七年には八四・四分に増えた。

それにしても、高校生の平均学習時間は、小中学生より少ない状態が続いていることになる。時間別にみても、小中学生は平成一三年を底に「ほとんどしない」と「およそ三〇分」を合わせた数値が減少に転じ、高校生も平成二七年には減少している。逆に多い方を見ると、高校生は、平成二年だけ三時間以上が一七・八％もあったのに、平成八年には一〇・三％、これ以降は八～九％台にとどまっている。この数字からも、すでに平成八年、つまり〈究極のゆとり〉が議論されていた段階から受験圧力が下がっているとみることもできるのではないか。

ベネッセでは、「学習時間の増加の背景には宿題時間の増加の影響がみられる」とし、小中学生については、「自分で調べたり考えたりする宿題が多くなっている」とも分析している。

政策転換でいじめ「増加」

文部科学省が集計するいじめの認知件数は莫大な数になっている。平成三〇（二〇一八）年度の「児童生徒の問題行動・不登校等生徒指導上の諸課題に関する調査」によると、小学校、中学校、高校、特別支援学校におけるいじめの認知件数は計五四万三九三三件にものぼっている。

平成二三（二〇一一）年度までは三年連続で七万件台だったのに、平成二四（二〇一二）年度には一九万件を突破、その後、二年間の小康状態を経て平成二七（二〇一五）年度には二二万件台、その後、三二万件台、四一万件台と増え続けてきた。それでもいじめの認知がゼロと報告されている学校もあるので、この数字はまだ増えてもおかしくない。

日本でいじめが初めて社会問題となったのは昭和の終わり、一九八〇年代半ばのことである。この時期が「第一の波」で、〈究極のゆとり〉が中教審で議論されていたのは、次の第二の波の時期にあたる。文部省が設けた「いじめ緊急対策会議」が緊急アピールを出したのは平成六（一九九四）年。この年度の発生件数は五万六六〇一件だから、数だけみれば約一〇倍に膨れ上がっていることになる。[1] いじめは、この時期にはまだ「発生」件数でとらえられていたが、平成一八（二〇〇六）年度以降、「認知」件数で調査をするようになった。この年には、いじめの定義自体も大きく変更されている。「自分より弱い者に対して一方的に、身体的・心理的な攻撃を継続的に加え、相手が深刻な苦痛を感じているもの」とされた定義のうち「一方的」「継続的」「深刻な」という言葉を削除したのだ。さらに、平成二五（二〇一三）年にはいじめ防止対策推進法が成立、「攻撃」も「影響を与える」と変えるなど、さらに定義は広がった。

いじめの定義を広げ、いじめを「認知」することはむしろ評価すべきだという文科省の施策が浸透するにつれて、数字が上っていったことは間違いない。こうした経緯をみれば、もはやいじめの認知件数が多いから事態は深刻だというとらえ方はできない。しかし、いじめが蔓延していることも確かで、いじめが原因とみられる自殺も繰り返し社会を揺るがせている。ここ数年の状況を見ると、認知件数の数値の上昇はどこで止まるか、心配にもなる。

不登校増にも政策転換の影響

不登校も増えている。いじめと同じ平成三〇（二〇一八）年度の調査で不登校の小中学生は一六万四五二八人。平成二（一九九〇）年度までは年度内五〇日以上を基準に、「学校ぎらい」の欠席として集計されていたが、平成三（一九九一）年度からは三〇日以上が集計されるようになり、その数は六万六八一七人だった。平成三年から平成三〇年の間に、児童生徒数は約四六〇万人も減っているというのに、不登校の児童生徒は二・四六倍になったということになる。

推移を見ると、平成四（一九九二）年度から平成一三（二〇〇一）年まで増え続け一三万八七二二人を数えるまでになった。この間、平成一〇（一九九八）年からは、「学校ぎらい」ではなく、「不登校」として集計されるように変わっている。そして、ちょうど〈究極のゆとり〉の学習指導要領が実施された平成一三（二〇〇一）年度から四年間減少、その後も平成二一（二〇〇九）年度から五年間は減少したが、平成二五（二〇一三）年度から再び増加に転じた。特に平成二九（二〇一七）年度から平成三〇（二〇一八）年度は二万人以上増えて、増加率も一四・二％と初めて二ケタになった。

なお、「学業不振」を理由にした中学生の数や割合が、平成二七（二〇一五）年度から急に増えている。平成二六（二〇一四）年までは多くて一万一千人台で、割合も長く一割程度だったものが、平成二七年度から一万人も増え、割合も二割になった。さらに、平成三〇（二〇一八）年には二万八千人を超えて四人に一人になった。平成二七年度からは統計の取り方が変わっており、より実態に近い形になったと言えるかもしれない。

また、こうした背景には、文科省の通知等によって、必ずしも学校復帰を前提としない指導が現場で徐々に進み、それが保護者にも浸透してきたことも影響している。平成二八（二〇一六）年にできた「義務教育の段階における普通教育に相当する教育の機会の確保等に関する法律」（教育機会確保法）の影響が大きい。「不登校児童生徒の休養の必要性」を求めたこの法律は、学校復帰を前提としないスタンスでできている。

だが、こうした数字は、現状の学校になじんでいない子供たちが増えているということにもなる。日本財団が平成三〇（二〇一八）年に公表した調査では、統計上の不登校に当たらないものの、不登校傾向にある子供は推計三三万人もいるとしている。この調査では、「欠席は三〇日未満だが、学校に行っていない状態が一定期間ある子ども」「学校の校門、保健室、校長室等には行くが、教室には行かない子ども（教室外登校）」「基本的には教室で過ごすが、授業に参加する時間が少ない子ども（部分登校）」（遅刻や早退が多い）に加え、「基本的には教室で過ごすが、皆とは違うことをしている子ども（仮面登校A）」、「基本的には教室で過ごし、皆と同じことをしているが、心の中では学校に通いたくない・学校が辛い・嫌だと感じている子ども（仮面登校B）」も組み込んだ数値だ。

また、この調査では、不登校傾向のある子供の親には、離婚歴があったり、就学援助を受けていたり、親自身に不登校経験があったりする比率が多いことや、発達障害などの診断は受けていなくても、親が

「（自分の子どもは）学習面や運動面、行動面において何かしらの困難がある」と思っている比率が多いことも分かったという。こうした調査からも、不登校が、これまでより大きな課題になっていることも読み取れるのではないか。

自己肯定感、上向きの項目もあるが……

以前から言われてきたことだが、子供たちの自己肯定感は他国に比べると高いとは言えない。独立行政法人国立青少年教育振興機構の青少年教育研究センターでは、高校生の意識を日本、米国、中国、韓国の四か国で比較する調査を続けている。財団法人日本青少年研究所が一九七〇年代末から始めた調査を引き継ぐ形だ。

平成三〇（二〇一八）年の調査（「高校生の留学に関する意識調査」）では、「私は他の人々に劣らず価値のある人間である」という問いに、「よくあてはまる」「まああてはまる」と答えた高校生は合わせて五〇・四％。中国の九一・七％、韓国の八〇・一％、米国の七九・七％と大きな開きがあった。「自分がダメな人間だと思うことがある」に至っては日本八〇・八％。米国六一・二％、韓国五二・五％、中国四〇・四％で、日本は中国の二倍ということになる。

自分が価値のある人間かどうかという問いは、名称の違う過去の調査（「高校生の心と体の健康に関する意識調査」など）でも聞いている。肯定的に答えた高校生は昭和五五（一九八〇）年には二九・五％、平成一四（二〇〇二）年でも三七・六％、平成二九（二〇一七）年でも四四・九％だったから、近年、急速に改善しているという見方もできなくはない。ただ、ダメな人間だと思った経験の設問は、平成二六（二〇一四）年の調査で七二・五％だから、平成三〇（二〇一八）年度には逆に増えていることになる。

自己肯定感の低さは控えめな国民性とも関わってくるだけに、その向上は一筋縄ではいかない。しかし、これから多様な国の人たちとの交流がいま以上に増えるグローバルな社会環境を考えると、見過ごすわけにはいかない。

社会や国に対する意識の低さ

様々な数値の推移をみると、学習指導要領をめぐる動きと連動しているものもあるように見えるが、ゆとりの時代から、脱ゆとりの時代を経て、変わらない課題も少なくない。

そうした中で、平成三一（二〇一九）年に日本財団が実施した日本を含む九か国の一八歳に対する意識調査の結果には驚いた。日本以外の対象国はインド、インドネシア、韓国、ベトナム、中国、イギリス、アメリカ、ドイツ。その結果、日本は「あなた自身について、お答えください」という設問六項目すべてで最も低い数値となった。

低い順に並べると「自分で国や社会を変えられると思う」一八・三％、「社会課題について、家族や友人など周りの人と積極的に議論している」二七・二％、「自分は大人だと思う」二九・一％、「自分は責任がある社会の一員だと思う」四四・八％、「自分の国に解決したい社会課題がある」四六・四％、「将来の夢を持っている」六〇・一％。インドは六項目とも八〇％以上を占めるなど、他国との開きは大きい。

中でも、「自分で国や社会を変えられると思う」は次に低い韓国が三九・六％、「社会課題について、家族や友人など周りの人と積極的に議論している」も次に低い韓国が五五・〇%だから、ワースト2の韓国とでさえそれぞれ二倍の開きがある。

日本の教育は優れていると言われている。そのシステムを輸出しようという動きさえある。しかし、「教育は、人格の完成を目指し、平和で民主的な国家及び社会の形成者として必要な資質を備えた心身ともに健康な国民の育成を期して行わなければならない」とする教育基本法第一条に照らしてみれば、自分が責任ある社会の一員と思えず、社会課題について積極的に議論もせず、自分で国や社会を変えられると思わない一八歳が多いという結果をどう考えればいいのだろう。教育が成功していると胸をはれないのではないだろうか。

この調査では、「自分の国の将来についてどう思っていますか」という問いに、「良くなる」はわずか九・六%。ドイツ、韓国、英国が二〇%台、米国が三〇%台なのに対して、トップの中国は九六・二%で、インド七六・五%、ベトナム六九・六%、インドネシア五六・四%と続く。この数字をみると、国の勢いの差が分かる。その意味で大人の責任は大きい。

第二章　学力調査をめぐる現状

脱ゆとりをめぐる動きの中で指摘されたことの一つが、文部科学省が学力をめぐるエビデンスを十分に持っていないことだった。そこには、学力調査をめぐる過去の裁判など、歴史的な経緯もある。学力を把握するための全国的な調査は、教育課程実施状況調査の名で行われていたが、対象は限られていた。

その文部科学省が小学六年生と中学三年生を対象に全国学力・学習状況調査を始めたのは平成一九（二〇〇七）年度からだ。初年度の私立の参加は六割余で、公立でも見送った自治体が一つだけあったが、事実上の悉皆調査は四三年ぶりだった。その後、東日本大震災での中止や民主党政権時代の抽出調査を経て、自民党の政権復帰とともに、調査は再び悉皆となった（令和二〈二〇二〇〉年度は新型コロナウイルス感染症の影響で中止）。

毎年行われる国語と算数・数学だけでなく、平成二四（二〇一二）年度からは理科が三年に一度の実施となった。さらに、平成三一（二〇一九）年度からは中学校の英語も行われ、理科と同様に三年に一度の実施となっている。

そして、平成三一（二〇一九）年度からのもう一つの大きな変化が、国語や算数・数学で、A問題、B問題と分けて出題していたものが、一体的に出題することになった点である。

A問題は「主として『知識』に関する問題」で、「身に付けておかなければ後の学年等の学習内容に影響を及ぼす内容や、実生活において不可欠であり常に活用できるようになっていることが望ましい知識・技能など」、B問題は「主として『活用』に関する問題」で、「知識・技能等を実生活の様々な場面に活用する力や、様々な課題解決のための構想を立て実践し評価・改善する力など」と説明されてきた。

一本化の理由として、平成三〇（二〇一八）年八月二二日の「全国的な学力調査に関する専門家会議」で示された資料には以下のようにある。

Ａ問題を通じて学力の底上げが図られたことや、Ｂ問題を通じて授業改善の取組が学校現場に広がったことなど、知識と活用を分けた調査が果たしてきた一定の役割について評価する声がある。

その一方で、児童生徒のつまずきを把握する上で「知識」と「活用」とを一体的に問うことが有効な場面もあり、これまでの調査問題においても、実生活の場面への活用を想定する中で知識を問うＡ問題や、大問における思考過程として知識に関する小問を問うＢ問題など、Ａ・Ｂの問題区分が絶対的なものではなくなりつつある状況も見られる。

平成二九年三月に公示された学習指導要領は、教科等の目標や内容について、生きて働く「知識及び技能」、未知の状況にも対応できる「思考力、判断力、表現力等」、学びを人生や社会に生かそうとする「学びに向かう力、人間性等」という三つの柱に基づいて再整理されており、これらの資質・能力の三つの柱が相互に関係し合いながら育成されるものという考え方に立っている。

Ｂ問題は、一五歳を対象とする経済協力開発機構（ＯＥＣＤ）の国際学習到達度調査（ＰＩＳＡ）の問題との類似性が指摘されてきた。文部科学省がこのＢ問題を出してきたことが、「これからはこういう力が必要なんですよ」という現場へのメッセージでもあると言えた。筆者は、講演などの際、まだ一般にはなじみのなかった初回の小学校・国語Ｂのある問題を示して、よく説明したものだ。紙の生産量の棒グラフを読み取る設問で、全国学力・学習状況調査の問題であることを伏せて問いかけると、大人の聴講者からは「社会科の問題ですか」という答えが返ってきたことを覚えている。

だが、知識の活用力を問うＢ問題は、Ａ問題よりも平均正答率が低く、一貫して課題ととらえられてきた。それはある意味で当然のことかもしれない。いずれにしても、この一〇年余で、メッセージを伝えるという役割は終わり、新しい学習指導要領の趣旨とも合致する一体的な出題という新たに段階に入ったと言えるのかもしれない。

そして、B問題やPISAの問題は、〈ゆとり教育〉の時代から強調され続けた〈生きる力〉とつながるはずなのである。

全国学力・学習状況調査でもう一つ、当初からの課題とされてきたのは、記述式の問題が苦手であったり、無回答が多かったりすることだ。この点はこれまでに、国立教育政策研究所が分析もしている。平成三一（二〇一九）年度の報告書で、児童・生徒に対する質問紙調査の経年変化を見ると、改善傾向にあるようだ。

具体的には、「今回の国語の問題について、解答を文章で書く問題がありましたが、どのように解答しましたか」という問いに、「全ての書く問題で最後まで解答を書こうと努力した」割合が小学校では八〇・五%。同様に算数も八〇・八%で、いずれも初めて八〇%を超えた。スタートしたばかりのころは七〇%に達していなかった。

中学校でも国語は八〇・一%で、始まったばかりのころに比べると一〇ポイント以上がっている。一方、数学は六一・五%と、国語に比べて低く、苦手意識が読み取れる。もっとも以前は五〇%を切っていた時期もあるので、やはり改善傾向にあると言えるだろう。

〈巻末資料13参照。また、巻末資料14に「IEA調査〈平成二七年実施〉の結果」を参考に掲げた。〉

第三章　ネットで激変する社会と学校

第一章では、この四半世紀の子供たちと子供たちの周囲の環境の変化を見てきたが、最も大きな社会の変化はネットの登場だろう。とりわけここ数年の劇的な変化を考えたい。

学校は最後の〈聖域〉か

〈究極のゆとり〉が議論された時代は、平成七（一九九五）年にWindows95が発売され、ブームとなったころだ。この年はのちにインターネット元年と言われた。しかし、このころの審議会の議論の中で、「インターネットというものは先行きどうなるかまだ分からないので、この言葉を学習指導要領のようなものに載せていいのだろうか」という意見があったと記憶している。あくまで記憶だけで議事録などの記録が見つかったわけではないが、第二部で記したように当時の審議会は非公開だったので、会議後の説明で非常に印象的だったのだ。二〇世紀の終わりごろは、まだそんな発言がまかり通る時代だったということではないか。その後のネットによる社会の激変を、あの時代にはまだ大半の人が予想しえなかった。

平成三〇（二〇一八）年度の内閣府による「青少年のインターネット利用環境実態調査」（速報）によれば、スマートフォンの利用率は高校生では九三・四%に達しており、中学生でも三人に二人、小学生でも三人に一人が使っている。インターネットの一日の利用時間も、高校生では平均で二一七・二分に及んでおり、スマートフォンの急速な普及とともに、SNSの利用など、一〇代の生活も劇的に変化している。

こうした中で、学校はまるで最後の〈聖域〉だとでも言うかのように、つい最近までこの波とは別世界にあったように思う。ひと昔前、国の施策として進められた電子黒板の整備は一定程度進んだが、地方財政措置、つまりひも付きではない地方交付税で手当てされてきたICT機器の整備状況は、自治体間格差も学校間格差も大きい。

学校でのICT機器の活用状況も、諸外国に比べて極めて限定的であることが、OECDのPISAでも明らかになっている。令和元（二〇一九）年一二月に公表されたPISA2018の結果でようやく注目されるようになった感があるが、その三年前のPISA2015でも、その差は明確に出ていた。学校の勉強のために生徒が電子メールやSNSで教師や他の生徒と連絡を取ったり、生徒が電子メールで課題を提出したり、学校のサイトから資料をダウンロードしたり、日本の学校の大半で行われていないことを、他のOECD諸国ではすでに始めていたのだ。

その〈聖域〉のような学校を変えようとしているのが、Society5.0の提唱とGIGAスクール構想、そして「未来の教室」実証事業である。

教育政策の劇的な変化

Society5.0は、狩猟社会、農耕社会、工業社会、情報社会に続く社会で、IOTやAI、ロボットなどが基盤技術とされる「超スマート社会」と位置付けられる。平成二八（二〇一六）年からの五か年計画である政府の「第五期科学技術基本計画」で提唱された。日本経済団体連合会も平成三〇（二〇一八）年にSociety5.0に関する提言をまとめている。実際には、「超スマート社会」がどんな社会になっていくか分からないままで、新たな時代に対応した教育が求められる状況になっている

全国の公立小中学校に一人一台パソコンやタブレット端末を配備し、高速大容量の通信ネットワーク環境を整備する「ＧＩＧＡスクール構想」は、令和元（二〇一九）年一二月に閣議決定された「安心と成長の未来を拓く総合経済対策」に盛り込まれた（ＧＩＧＡ＝Global and Innovation Gateway for All）。令和五（二〇二三）年度まで四年間をかける大事業だ。文字通り、経済対策に教育政策が引っ張られた構図だが、文科省は学校のＩＣＴ環境整備がなかなか進まないことに危機感をあらわにしていただけに、渡りに船だったと言えるだろう。それでもネットワーク整備で半額は負担が必要な自治体の決断など、乗り越えるべき課題はいくつもありそうだが、推進する側が勢いづいていることは間違いない。その後、新型コロナウイルス感染症の拡大による遠隔授業の促進に資するため、構想自体が前倒しになった。

そして、教育にテクノロジーの活用を促すEdTechが注目されている。この技術を活用した「未来の教室」実証事業を推進しているのは、文科省ではなく経済産業省である。その旗振り役として、伝道師のように全国を飛び回っているのが浅野大介・サービス政策課長兼教育産業室長だ。その飛び回る頻度は尋常ではない。例えば、京都で文科省主催の説明会に登壇し、埼玉県戸田市の小学校を視察、長野県高校校長会に招かれ、同県伊那市で市長や教育長、教師らと対話し、東京で起業家教育のイベントに出るといった具合だ。筆者も東京都内の教育委員会の催しや小学校の研究発表会などで出くわしている。並みの文科省職員よりずっと学校現場を知っているはずである。

小学館のサイト「HugKum（はぐくむ）」で、浅野氏は経産省の役割として以下のように述べている。

浅野　「日本人がサバイブしていく為に必要なことは何でも仕掛ける役所」だと僕は思っています。だから必然的に他省庁の政策分野に重なるんですが、そうやってあえてオーバーラップする政策領域を作ってオルタナティブ（代替策）を生み出していくのは経産省のＤＮＡと言えます。[2]

浅野氏が進める「未来の教室」実証事業で、最も注目を集めている公立中学校が東京都千代田区立麹町中学校だろう。宿題や定期テスト、固定した担任制をやめ、手段が目的化している学校の問題点をするどく指摘した工藤勇一校長の『学校の「当たり前」をやめた。―生徒も教師も変わる！　公立名門中学校長の改革』（時事通信出版局、二〇一八）はベストセラーになった。

その麹町中学校では、ＡＩ型タブレット教材Qubena（キュビナ）を使った、個別最適化による基礎的な学習が効果を上げている。Qubenaを開発したのは神野元基氏が設立した株式会社ＣＯＭＰＡＳＳ。神野氏は令和元（二〇一九）年六月から審議が始まった中央教育審議会初等中等教育分科会の「新しい時代の初等中等教育の在り方特別部会」の委員に就任、すでに麹町中学校における成果を発表する機会もあった。ある意味で塾を公教育と敵対する立場ととらえていたかつての文部省からすれば、民間の教材開発会社が中教審でプレゼンテーションをすること自体、劇的な変化と言っていいだろう。

そして令和二（二〇二〇）年二月、東京都内で開かれた国立教育政策研究所主催の「『教育革新』プロジェクト　フェイズ1シンポジウム」では、この麹町中学校の教諭と神野氏が再び成果を発表した。

数学の基礎的な学習を全員が習得するまでの時間が劇的に短縮されたという発表だった。求められている単元学習をいままでの約二倍の進度で終えることができ、各学年で二八～三二時間の余裕を生み出したというのだ。余裕のできた分は、教科横断的な学習（ＳＴＥＡＭ学習）や、次の学年の学習、復習や受験対策の時間に充てたという。しかも「数学の学習は楽しい」「数学の学習に積極的に取り組んでいる」「数学の学習が『得意』である」と答える割合が目に見えて増えた。特に「積極的に取り組んでいる」と答えた生徒は九割近くにのぼっている。この話題は、傍聴していた中教審でのプレゼンテーションでも聞いたが、何度聞いても驚かされる。

さらに、麹町中学校は同じ月に、霞ヶ関の文科省講堂を使った研究発表会「脳科学を活用した教育環境および指導方法の研究～学校教育を本質から問い直す～」を開催した。一中学校が文科省を使って研究発表会を開くというのも、前代未聞かもしれない。文科省の肩入れぶりが分かるというものだ。

国立教育政策研究所のイベントでは、文科省初等中等教育局の学びの先端技術活用推進室長、教育課程企画室長、情報教育・外国語教育課長、教育課程企画室長、教科書課長、特別支援教育課長が壇上に並んだ。その場では、学校のＩＣＴ環境をめぐって、「学校がわくわくしない場になっている」「家より学校が古いという環境」「世の中で普段使いになっているものは先生も普段使いしてほしい」といった発言も飛び出した。文科省初等中等教育局の課長や室長の、公の場での発言としては、大胆と言ってもいいだろう。時代は大きく変わりつつある。

ゆとり時代との相似

EdTechの進展によって、個別最適化された学習によって、誰もが学ぶ必要のある最低限の内容をいままでより短時間で、すべての生徒に習得させることができる――このことの意味は限りなく大きい。〈ゆとり世代〉の記者だった筆者は、旧文部省でゆとり教育の旗振り役とされた寺脇研氏が、〈究極のゆとり〉の学習指導要領で「みんな百点が取れるようになる」と強調していたことを思い出す。

例えば平成一一（一九九九）年当時の朝日新聞で、東京大学助教授だった苅谷剛彦氏と対談した文部省政策課長の寺脇研氏は、こう発言している。[3]

寺脇　二〇〇二年からの学習指導要領では、分からないで出る子は一人もいないようにする。中学卒業時点で全員百点でないとおかしいんです。

このあと「全員百点」が達成されたとは聞いていないが、二〇年前には果たせなかった目標が、EdTechで達成されようとしていると言えるのかもしれない。ただ、EdTechは魔法の杖ではない。この道具に教師がどう関わるのかが欠けば、絵に描いた餅になる。

国立教育政策研究所のイベントでは、麹町中学校の教員から「教師は、指導者じゃなく支援者になるべきだと話し合っている」という発言もあった。〈指導ではなく支援〉という言葉も、〈究極のゆとり〉に向かう議論の中でよく使われた言葉だ。後述するように〈脱ゆとり〉に向かう中では嫌われた言葉だ。

同じ朝日新聞の対談で寺脇氏はこうも言っている。

寺脇　学力をどうとらえるかです。知っていたからって意味はない。自分が生きていくうえで、どう役立てていくかだと思うんです。

これは、Society5.0に向かう議論の中で言われていることとも通じる。〈いまではたいていの知識はインターネットで検索すれば見つかる。問題はその知識をどう活用するかだ〉〈知識はすぐに陳腐化する〉といった意見はあちこちで耳にするようになった。しかし、こうした言説は、知識を軽視する風潮に、いつ転落するかも分からないという危うさもはらんでいる。

第二部で取り上げたインタビューで、元文科大臣の遠山敦子氏は「基礎基本をどうしてもいい加減にしてしまうんです、ゆとり派は」と言ったあと、令和二（二〇二〇）年から始まった学習指導要領の改訂の議論の中で、日本中に広がったアクティブ・ラーニングという言葉についても、その使われ方に否定的な見解を示していた。

遠山　私は遺言として、大臣を辞めるときに言ったんです。「学習指導要領が一〇年に一遍がらりと変わるのはおかしい。変わった表現で引き付けるような手法はやめなさい」と。そんなのは担当者の自己満足。iPS細胞のように、新たに付け加えるものはあるけど、八割は変えなくていいんです。基礎は変わらない。でも、時代が変わって人も変わると、また……非常にまずいと思いますね、あれ（アクティブ・ラーニングという言葉）は。

遠山氏に話を聞いたのは平成二七（二〇一五）年の時点だった。その後、アクティブ・ラーニングという言葉は誤解を招きやすいとして、学習指導要領での記述は「主体的・対話的で深い学び」と言い換えられ、今日に至っている。しかし、「活動あって学びなし」と言われる批判が消えたわけではない。何が主体的か、何が深い学びになるのかの理解は現場に十分広がっているだろうか。そして、同じような指摘がかつて、ゆとりの時代の「総合的な学習の時間」に対しても向けられたことも思い返しておきたい。

PISAの最新結果をどう見るか

令和元（二〇一九）年一二月に結果が公表されたPISA2018を通して、学力の問題、特に読解力の問題にも改めて触れておきたい。日本はPISA信仰とも言える状態で教育政策を動かしていると言えなくもないのだ（巻末資料15参照）。

平成二八（二〇一六）年から五か年の国の第三期教育振興基本計画を読むとそれがよく分かる。目標の第一に「確かな学力の育成」を掲げ、「子供たちの基礎的・基本的な知識・技能と思考力・判断力・表現力等、主体的に学習に取り組む態度を育成する」と記している。ここまでは新しい学習指導要領と合致している。ところが、その測定指標は、「知識・技能　思考力・判断力・表現力等　学びに向かう力・人間性等の資質・能力の調和がとれた個人を育成しOECDのPISA調査等の各種国際調査を通じて世界トップレベルを維持」とある。さらに、参考指標では、「OECDのPISA調査における習熟度レベル5以上（上位層）及びレベル2未満（下位層）の割合」となっている。国際調査は他にもあるにしても、具体的に指標として挙げているのはPISAだけなのである。

第二期の教育振興基本計画では、成果目標の一番目を「『生きる力』の確実な育成」としている。「確かな学力」はその中の一部という位置付けだ。成果指標も、「①国際的な学力調査の平均得点を調査国中トップレベルにする。あわせて、習熟度レベルの上位層の増加、下位層の減少」としながら、そのあとに「全国学力・学習状況調査における過去の調査との同一問題の正答率の増加、無解答率の減少」も加わり、「②児童生徒の学習意欲の向上や学習習慣の改善」が続くなど、かなり様相を異にしている。

PISA2018では、読解力の順位や得点が再び低下したことは、本書でもすでに触れている。当然、下位層が増えていることになる。第三期でPISAに特化したかのような指標にしたことの是非もさることながら、次の名誉回復のチャンスが三年後ということも不可解だ。

それ以上に、PISAの結果の推移を俯瞰して見ると、少なくとも読解力の結果の上下は、〈ゆとり〉も〈脱ゆとり〉も無関係だったのではないかという見方もできるのではなかろうか。

「教科書が読めない」ことの問題点

四半世紀を経ても変わらず、ずっとあり続ける低位の学力層の存在が気にならないだろうか。そうした問題に警鐘を鳴らしたベストセラーが新井紀子・国立情報学研究所教授の『AI vs. 教科書が読めない子どもたち』（東洋経済新報社、二〇一八）である。新井氏らが開発したリーディングスキルテスト（R

ST）の問題を見ると、記述が悪文過ぎる教科書自体も気になったが、一定の層が、教科書を理解できないという意味で、学力以前の問題になってしまっていることがよく分かる。こうした子供たちは、学校教育だけが生み出したわけではないだろう。

今回のPISAでも同じことが言える。読解力の公開問題の「ある大学教授のブログ」を読んで、「教授がフィールドワークを始めたのはいつか」を四つの選択肢から選ぶ最初の問題で、日本の一五歳の正答率はOECD平均を下回った。そのあとの書評の文章を切り取って「事実」か「意見」を判断する問題も、決して芳しいとは言えない。

いまの一五歳なら、ブログのような文章はネット上で日常的に目にしているはずだ。なのに、一定の層が文意をちゃんと読み取れていないのは大きな問題である。この公開問題は、大学生でも間違える層がいるということを筆者も確かめている。インターネット上の情報の質を吟味もしないで引いて来てレポートにしてしまう層とも通じる印象を持つ。

前述の新井氏は、PISAの結果について、朝日新聞に、日本の成績が初めて移民大国アメリカを下回ったことに注目して以下のように述べている。

実は教育政策においては、新しいことを学ばせるより、「自然」や「前提が崩壊したときの対応の方が圧倒的に難しい。プログラミング教育は、誰にとっても新しいことだから、「プログラミングとは何か」や「どうやって身につけるか」の工程が明確だ。一方、大人である私たちが意識せず自然に身につけてきたことを、子どもたちができない場合、大人はパニックに陥る。「どうして、そんな当たり前のことができないの?」「どうして、もっと本や新聞を読まないの?」と。[4]

近年、外国にルーツを持ち、日本語の指導が必要な児童生徒が急増している。そのことが今後、この問題を顕在化してく可能性もあるのではないか。そうなる前に、この問題の大きさに気付いて、ＲＳＴでもEdTechでもなんでも使って取り組む必要がある。ただ、「読解力」アップの観点から、新井氏はEdTech自体を薦めてはいないことにも留意しておきたい。[5]

また、今回のＰＩＳＡの結果をめぐっては、文科省の矢野和彦・初等中等教育局担当審議官が、初中局のメールマガジンで[6]、従来型の読解力（国語力）にとらわれた報道を批判して注目を集めた。マスメディアが誤解を広げることも、また〈ゆとり〉の時代から反省すべき点かもしれない。

文科省のキーマンを通して考える今後の学校教育

最後に、文科省のキーマンと言われる合田哲雄氏の著書『学習指導要領の読み方・活かし方』（教育開発研究所、二〇一九）を紹介しておきたい。

合田氏は平成四（一九九二）年に旧文部省に入省した。初等中等教育局で教育課程企画室長、教育課程課長としていわゆる〈脱ゆとり〉の二度の学習指導要領改訂を仕切った。それだけに、〈ゆとり派〉に批判的であることを隠さない。二度の改訂の間に高等教育局に移り、企画官として平成二四（二〇一二）年に大学教育の質的転換答申（正式名は「新たな未来を築くための大学教育の質的転換に向けて〜生涯学び続け、主体的に考える力を育成する大学へ〜」）を手掛けたことでも知られる。さらに、新学習指導要領の策定にめどがたったあとは、同じ初等中等教育局で令和二（二〇二〇）年三月まで財務課長を務めていた。教職員の定数や給与の問題を担当するだけでなく、教員の働き方改革を進めるうえでの司令塔だったと言ってもいい。二一世紀に入って以降、重要な教育政策の場に常にいたと言っても過言ではない。

その合田氏は、「官僚は黒子」というのが口癖だが、今回は、財務課長に転じてから学習指導要領の解説本を出版した。同書の「はじめに」でも触れているが、新たな学習指導要領を進める「アクセル」と、教員の働き方を改善する「ブレーキ」の両方を踏む難しい立場にある。学校週五日制下の新しい学習指導要領と働き方改革を同時に進めるなら、教員の定数増があってしかるべきだと考えるのが常識だ。その点では、その後の予算獲得で文部科学省は健闘したと言われている。

だが、ゆとり教育をめぐるかつての攻防が文科省の場外での情報戦だったとすれば、今回の難題は、対財務省との消耗戦なのかもしれない。今後も財政的に細っていくことが確実な中で、官邸から〈一人一台端末〉の政策が降ってきたのだから、経済産業省と〈共闘〉するのも当然なのかもしれない。

むろん、省庁間の綱引きなどは二の次であり、「すべては子供たちのために」という合田氏のもう一つの口癖にも同意する。現場に足を運ぶことを厭わないからこそ、理解を少しでも広げるための解説本であり、その内容の濃さには敬意を表する。

しかし、それでも、国の政策を一〇〇万人と言われる教員に届けること自体が難しい。

そして合田氏は同書の中で、こう書いている。

文部科学省はもう二度と「知識はいらない」「教え込みはいけない」「教師は支援者である」などと言

ってはいけないと思っています。

これは言い過ぎだ。この本の中で合田氏は、「ゆとり」か「詰め込み」か、習得か探究かの二項対立から脱却しなければならないと述べている。文部科学省が「知識はいらない」と言うわけはないし、教師はときに支援者の役割を果たす必要がある。

実は文部科学省講堂での発表会の場でも、教育革新プロジェクトのシンポジウムと同様、麹町中の関係者から「教員は支援者」「教師はサポーター」という言葉が何度も飛び出していた。そして発表会は、合田氏の尽力で実現している。

文部科学省がゆとりの時代を正当に評価したうえで改革を進めないと、二項対立からはいつまで経っても抜け出せないのではないか。

教員をめぐる環境もまた、この四半世紀の年齢構成も大きく変わった。大量退職・大量採用を経て、若手が増え、技の伝承も難しくなると言われた、その時代を迎えつつある。採用倍率は少なくとも小学校では明らかに低下している。それが教員の質に影響を及ぼさない保証はない。学校の施設設備の問題も今後ますます大きくなっていくはずだ。学校のプールの老朽化に伴って、水泳指導を外部委託するような動きも広がっている。合田氏は初等中等教育局のメールマガジンで以下のように言っている。

部活動の実施主体はこれから大きく変わってゆくでしょう。ゆくゆくは部活動指導の実績のある教師は兼職・兼業の許可をとっていただいて、学校とは別の実施主体のもと部活動指導員として活動していただくという形も見えてくるのではないかと思っています。[7]

部活動を学校教育の枠から外すという大胆な選択をする時期がいずれ来るかもしれない。そうでもしないと学校は膨らんだ風船のようになってしまうのではないか。いや、すでに学校という風船は膨らみ過ぎている。学校週五日制が導入された時期に、「何でも学校が抱え込むのはやめよう」「土日は子供たちを家庭や地域に返そう」と強調されていたことを思い出す。

合田氏の上司に当たる矢野氏は、PISA2018の結果の報道について反論した前述のメールマガジンでこうも言っていた。

もちろん、その（学校教育の全体の充実改善の：筆者注）カギとなるのは、最後は、教師であり、PCが入ったら教師が必要なくなるのではなく、さらに進化した教師像が求められるのです。
もちろん、教育はコンピュータが行うものではなく、人が行うものであり、「教育の成否は教師にかかっている」というところはいつの時代でも不変です。

矢野氏や合田氏個人の考えというより、文部科学省の総意であろう。この点を、〈ゆとり教育〉をとらえ直すとともにかみしめたいのである。

◉注釈

1　平成一七年度以前は国私立学校が含まれていない。
2　経産省が「教育」に本腰を入れはじめたワケ【神野元基の「未来を生き抜く力の育み方」vol.6】
3　朝日新聞一九九九年七月五日付対談「学力低下」を考える：上
4　朝日新聞令和二年一月一〇日付「新井紀子のメディア私評」
5　『AIに負けない子どもを育てる』（新井紀子、東洋経済新報社、二〇一九）
6　初中教育ニュース（初等中等教育局メールマガジン）第三七三号　令和元年一二月二四日
7　初中教育ニュース（初等中等教育局メールマガジン）第三五六号　平成三一年三月二二日

第四部　ゆとり教育を振り返って

辻村　哲夫

(1) 大きかった受験競争の影響

◇受験競争の実態

今も、受験競争の雲は全国の学校を覆っている。

その雲は、小学校では都市部を中心に一部に限られているものの、中学校では全国を覆い、全国どこの学校でも高校入試対策最優先の教育が行われている。

「ゆとり教育」の構想を検討した当時も、中央教育審議会でも教育課程審議会でも受験競争の問題は重い課題として取り上げられた。そのことは答申にも詳しく書かれている。

その後二〇年が経過し、受験年齢の一五歳人口、一八歳人口もピーク時に比べて半減したこともあり、今日では、当時「受験戦争」とまで称された過度の受験競争は緩和されたとされる。しかし、高等学校がいわゆる偏差値によって序列化されている実態は変わらず、より評価の高い高等学校入学を目指した中学生たちの受験競争をめぐる状況は基本的には変わっていない。大学入試をめぐる状況が基本的に変わっていないことは説明するまでもないであろう。

学習指導要領の改訂作業には二度関わったが、いつも頭をよぎったのは、入試対策最優先の教育をせざるを得ない中学校・高等学校で、学習指導要領改訂の理念や考え方に立った教育改革を実行できるか、という懸念であった。

例え学習指導要領が理科教育での実験・観察の重要性を謳い、「総合的な学習の時間」での子供たちが自ら考え調べる活動の必要性を強調しても、受験のための問題集をこなすことの方が優先されるのではないか。そして保護者も、教育の理念について建前は承知していても、受験対策最優先の教育を望んでいるのではないか。

「ゆとり教育」のときも同様の懸念はあった。

しかし、少なくない子供たちが理解不十分のまま授業が進んでいる実態、国際比較調査の度に明らかになる我が国の子供たちの学習を楽しむことや知的好奇心の乏しさ、自分への自信のなさ、受験準備の勉強からくるストレス、不登校やいじめが増加している実態などを考えると、その改善は急務であり、その有効な施策として学習指導要領の改訂を急ぐ必要がある、時間を要する受験競争の問題の解決まで待っているわけにはいかない。こういう思いが強かった。

また、世界の大勢は学校週五日制になっている中で、我が国は従来通りの学校週六日制で良いのか、学校週五日制に移行するとすれば学習指導要領の改訂が必要となる、この対応も急ぐ必要があった。

平成七（一九九五）年、こうした種々の課題に対応する基本的施策決定の任務を担って、中央教育審議会・教育課程審議会での審議、学習指導要領の改訂作業を進めて構想されたのが「ゆとり教育」だった。

そして、学校教育の様々な課題を「ゆとり教育」で何とか変えていきたいと思った。しかし、その後「ゆとり教育」は早晩の見直しを余儀なくされ、今日すっかり姿を消してしまった。それは理想的であり過ぎたのか、叶わなかったのである。

「ゆとり教育」についてもっと丁寧に説明していれば状況は変わったのではないか……、そんな思いも抱くが、こうした結末となった根本は、我が国の社会に根深く定着していた過度の受験競争という岩盤だった。それは如何ともしがたい大きな力を持っていた。そう痛感している。

◇「ゆとり教育」の三つの施策をめぐって

「ゆとり教育」が見直しを余儀なくされた理由をさらに個別に探っていくと、特に、①教育内容の厳選、②「総合的な学習の時間」の創設、③学校週五日制の実施の三つの施策について、教育関係者、保護者たちの理解が十分に得られなかったことがあるように思われる。

この点をもう少し具体的に説明すれば、次のようなことである。

① 教育内容の厳選の問題

教育内容の厳選は、「教師の教えることを専ら覚えること」に追われる従来の学校教育の基調を変え、教師が過重な教育内容の指導に追われることなく、時間的にも精神的にもゆとりのある指導を行える授業、子供たちが自ら実験・観察を行ったり、様々な資料に当たって調べたりする活動のある授業などを行えるようにするための施策だった。そうした授業を積み重ねることで、子供たちに確実に学力を身に付け、「生きる力」をしっかりと育む、このことを目指したのであった。このことは第一部で詳しく述べた。

しかし、こうした施策は、多くのことを覚えることを重視した従来の受験対策最優先の考え方からは、教育内容を減らし「学力低下」をもたらし受験に不利になるものとして受け入れられなかったのであろう。そのことを煽る情報も多々流布された。こうして学習指導要領の告示直後から激しい「学力低下」「学習指導要領の見直し」論議が巻き起こったのであった。

②「総合的な学習の時間」創設の問題

「総合的な学習の時間」の創設に対しても、受験対策を最優先する考え方からは迂遠な施策と映ったことは想像に難くない。

教育内容を教師自ら構想する。教科書はないが教師の判断で子供たちに最も必要だと思う指導を教師の創意工夫を存分に発揮して行うことができる。

まさに教師にとって、この時間こそ、教師自身の教育観に立って子供たちに「自ら課題を見付け、自ら学び、自ら考え、主体的に判断し、よりよく問題を解決する資質や能力を育てる」授業ができるはずだった。しかし、受験対策最優先の学校で、受験に直接役立つ指導に時間を使わなければならない教師にとっては「総合的な学習の時間」の趣旨を生かした実践への意欲は湧かなかったのであろう。

教科書に書かれていることを覚えることだけが学びではない、また、教師が教える正解を記憶させるのが授業ではない、この時間での授業が、子供たちが学びというものを新たな視点で認識する絶好の機会になることは間違いなかった。しかし、受験にどのように役立つのかという観点から見れば、即戦力にはならないということだったのだろう。

　現に、教師たち、特に中学校の教師たちから「総合的な学習の時間」はあまり評価を得ることができなかったのである。

③　学校週五日制実施の問題

　学校週五日制の実施も、受験対策を最優先する考え方からは、教師が受験指導をする時間が減ってしまうという捉え方で受け取られた。特にこの意識は保護者たちに強かったように思う。

　第一部で見たように、学校週五日制については、「学校教育にはない様々な生活体験・自然体験・社会体験をする」「学校教育では経験できない文化・スポーツその他様々な活動に参加し、学校では身に付けることのできない力を育むことができるようになる」、また、「土曜日・日曜日のゆとりのある時間の中で、心身をリフレッシュさせ、月曜日から金曜日までの学校での学習をより充実したものにするための備えをすることができるようになる」などの意義が挙げられている。

　しかし、こうした学校週五日制の持つ意義も、受験準備中の子供たち、というよりもその保護者たちにとっては、あまりにも遠い先の抽象的な目標で、それは希望の学校に入学してからすればよいという考え方が強かったのである。

　こうして今日、世界の大勢は確実に学校週五日制になっているが、我が国では、私立の学校では実施する学校と実施しない学校が併存し、公立の学校では制度としては学校週五日制を実施しつつ土曜日も学校が子供たちの指導に当たるところがあるなど、とても学校週五日制が学校教育制度として定着しているとは言えない状況が続いているのである。

このように見てくると、「ゆとり教育」を止めた最大の理由は受験競争だったと考えざるを得ないのである。

受験対策に最も必要なのは多くの知識を覚えさせることだとして教育を進めざるを得ない学校にとって、「ゆとり教育」の構想は、仮にそれが理想であることは分かっていても、受け入れることができなかった。そしてその方針は、受験が最大の関心事である保護者たちも強く望んだことであった。

子供たちは、小・中学生の時期に、基礎・基本を身に付け、知的好奇心を蓄え、のびのびとスポーツや読書や音楽に親しんで将来の土台作りをする。土台の裾野が広ければ広いほど、子供たちは将来学力を伸ばし「生きる力」を育んで大きく成長していく、そのためには「ゆとり教育」が必要だと確信していた私にとって、それが頓挫してしまったことは今もって残念でならないのである。

◇入試改革私案

では、「ゆとり教育」を止めた受験競争の問題、入試改革の方策はどのように考えればよいであろうか。難問を承知で敢えてここで若干の私見を述べるとすれば、私はこんな風に考えている。

まず、受験競争の問題は、最終学歴として評価の高い大学への入学を目指す競争の在り方に根本の問題があり、「お受験」などと揶揄される低年齢の段階から始まる受験競争は、大学入試の在り方が変われば相当に変わっていくと考えている。

受験競争は勉強での競い合いであるが、高校生たちが勉強に励むことに問題があるわけではない。その勉強が、学力を向上させ大学入学後の学習の質的レベルを上げるための準備ならば、むしろ奨励すべきものと言ってよい。

また、各大学にはそれぞれ創設以来の歴史があり、教育研究体制、学術業績、就職状況、文化スポーツ活動、施設設備の整備状況、学部学科の種類、入学定員、大学の所在地、卒業生など、様々な面で異なっている。そして、これらがその大学の特色となり、評価が生まれ、高校生たちが希望する大学とそうでない大学が生まれてくる。その中で、高校生たちが希望する大学で学びたい、そのために一生懸命勉強に励む、これは自然なことである。

そして、各大学に入学定員があり、その定員以上に入学希望者がいるとき、競争が生まれるのは当然であり、こうしたことは他のどの世界にもあることである。

では、現状の何が問題か。

大学入試をめぐる受験競争の根本の問題は、高校生たちがどこまでの学力を身に付ければ大学に入学できるかが分からないまま、他人との一点刻みの相対的な点数獲得競争を強いられているところにある、と私は考えている。

身に付けるべき学力のレベルも不明なまま不特定多数の相手と競争して勝たなければならない。一点でも多くとるための勉強が如何にストレスを高めるものであるか。そして受験準備以外のものを犠牲にした高校生活は、可塑性に富み心身ともに人生で最も成長する時期だと言ってよい時だけに、様々な弊害と言われるものを生み出す。そして大学入試をめぐる問題は高等学校教育に止まらず、小・中学校教育にも少なからぬ負の影響を及ぼしている。こうした現状が問題だと考えるのである。

改めて、現状の受験競争の問題点を整理すれば、次の通りである。

① 大学入学に必要な学力が明示されないため、高校生たちの勉強が、大学入学後に備えた勉強ではな

く他人より一点でも多く点数を獲得して入学定員内に入るという相対的な点数獲得競争を強いられたものとなっていること。

このことが、高校生たちのストレスを過度に高め、この時期の人間形成上必要な様々な経験・体験を犠牲にしていること。

② 大学によりまた学生個人によって違いがあることは言うまでもないが、一般的には、大学に一旦入学すれば在学中あまり努力することなくほぼ卒業できるという社会的通念ないし社会的風潮が定着しており、この結果受験勉強の目的が大学入試に合格することになってしまっていること。

そのため高等学校時代の勉強が大学入学後の学習の質的レベル向上につながっておらず、また受験競争に勝てばよい、受験教科のテストの点数さえ高ければよいという意識を高校生たちに持たせる事態を生み、高校生たちが受験教科以外の勉強を軽視する風潮を生むなど、高等学校がその本来の教育の目的を果たせない状況を生じさせていること。

③ 入学した大学・卒業した大学の評価がその後の一生を左右するという意識が社会に定着している中で、大学入学後の学校間の移動がほとんどない我が国の状況が、高等学校卒業時の大学選択に人々の意識を過度に集中させ、異常なまでの受験競争への意識を高める状況を生んでいること。

このことが受験準備教育の低年齢化を促し、小・中学校の教育、特に中学校の教育を高等学校への入試対策最優先の教育にさせ、高等学校と同様、受験教科以外の教科の学習を軽視する風潮を生み、不登校問題を深刻化させるなど、様々な課題を中学校教育にまで生じさせていること。

大学入試改革案は、これらの①〜③の問題を改革しようとするものである。私見を述べれば、次の通りである。

◇**各大学による入学資格要件の明示・一点刻みの評価の廃止**

①の問題を改善するために、受験勉強の目的は、他人との競争ではなく、飽くまで大学入学後の勉強さらにはその後の人生に備える自分自身のためであると認識できるような仕組みに変える。受験勉強は、何よりも入学後に備える自分との闘いだと確信できるような仕組みにするのである。

具体的な方法は、次の通りである。

ア　各大学は、入学後支障なく授業を受けるために高等学校卒業までに身に付けておく必要のある学力をあらかじめ明示する。具体的には大学入学共通テストの難易度を踏まえてその大学に入学するために必要な最低点数をあらかじめ明示しておく。

イ　最低点数以上の点数を獲得した者を入学有資格者とし、入学有資格者についてはそれ以上の一点刻みの点数で序列を付けない。

ウ　入学有資格者について、大学は（場合によっては学部ごと・学科ごとに）、論文、面接、高等学校までの活動歴などを資料として、最善と考える方法で丁寧な選抜を行い、合格者を決定する。

こうした方法で合格者を決定することで、高校生たちは受験勉強で目指すべき目標、すなわち、その大学に入学するために必要な学力をあらかじめ十分に承知して勉強に励むことができるようになる。そして、大学が示した点数以上を獲得した入学有資格者は、それ以上一点刻みで序列化されることがないから、これまでのような一点刻みの点数獲得を目指して神経をすり減らす必要はなくなるのである。

受験勉強に他人との競争という性格が残るとしても、入学資格は、他人との競争に勝つという相対評価ではなく、必要な点数を獲得したか否かという絶対評価で決まることから、従来のような他人との競争に勝つことに神経を遣う必要はなくなるのである。

ポイントは、大学が、入学有資格者についてはそれ以上一点刻みの点数の差で合否を決定しないということであり、そのことを社会の共通認識としておくということである。

そのためには例えば、面接・論文・高等学校までの活動歴として各大学・学部・学科の分野の特性に照らして望まれる体験・経験、さらには、スポーツ・文化活動、ボランティア活動への参加などの体験・経験、読書経験、大学入学後の学問への向き合い方などを確認しながら、丁寧に人物を評価しその結果を踏まえて合格者を決定する方法が強く望まれるのである。

このような合否決定の方法は、大学が総体としてより優れた人物を選抜する方法であり、同時に、大学に入学するためにはただ受験教科の点数さえ良ければよいという高校生たちの学習観を変えることになると思われる。そして、こうして高等学校の教育が変わっていくことは、必ず小・中学校の教育を改善させていくこととなると思われるのである。

◇大学の学習評価の厳格化

②の問題を改善するために、大学を厳しい学びの場とする。単位、進級、卒業などの認定も厳格に行う。

大学で学ぶ目的を考えれば、そこでの教育は、少なくとも高等学校までの教育レベルを超えたものであるはずである。したがって、大学生には高等学校までの勉強以上の厳しい勉強が求められるのは当然である。

大学に学んだ者はその身に付けた高度な知識・技術を積極的に社会に還元していく責任がある。社会が求めるのはその人が何をなすかであり、大学の名前ではない。どんな仕事もそのなされた内容で評価されるのであり、その仕事をした人の入学・卒業した大学がどこかなど関係ないのである。

評価の高い大学に入学・卒業したことのみをもって人を評価するいわゆる学歴偏重主義は近年その実態を相当に変えてきているが、なおその風潮は根強く、そのことが保護者たち・子供たちの受験競争を煽っているのも事実と言わなければならないであろう。

大学教育の厳格な運用は、大学に入っただけではほとんど意味がないことを事実として社会に認識させることとなり、受験勉強の様相を相当に変えていく力となろう。

◇大学間移動の柔軟化

③の問題を改善するために、大学間・学部間の移動をより柔軟に行える仕組みとする。
社会の変化がますます激しくなっている今日、高校生たちが高等学校卒業時点で将来を的確に見通した大学選択をすることは、はなはだ難しくなっている。

そうした状況にもかかわらず、現状は、高等学校卒業時点での大学・学部の選択を人生の唯一の機会とするような仕組みになっており、高等学校卒業時に選択した大学・学部に適合できず、進路変更を望みながらそれができないまま在学を続け、全く勉学に意欲を失う学生たちを生み出している。また、高等学校卒業時点での大学入試の結果がその後の人生を左右するかのような意識を生み出し、受験勉強を過度に重苦しいものにしている。

こうした状況を改善するため、どこの大学も定員に余裕がある限り、他校からの移動を柔軟に認めるシステムにする。こうした移動は、専門課程に進むとき、大学院へ入学するときなどに、すでに大学によって実施されているが、さらに柔軟にし、特に専門課程に進むまではより積極的に行えるシステムにする。大学入学後の二年間を将来に向けての自分さがしの時間、将来を見据えての進路選択調整の期間とするのである。

大学間に評価の差があり、人々に序列意識がある限り、また、本人が特定の大学に学びたいという希望がある限り、特定の大学への集中はなくならないであろう。しかし特定の大学に学ぶということの意味を変えることはできる。

特定の大学に学ぶことの意味が、学校名による評価を得るためではなく、指導者や研究体制などからそこで学ぶ必要があるというものに変わっていけば、特定の大学を目指す受験勉強の意味も相当に変わっていくであろう。

大学での成績評価が厳格化され、また定員に余裕が生じたときは大学間の移動がより柔軟に行われ、進路選択を考え直して大学・学部を変更することも柔軟に行われるようになれば、高等学校卒業時の学力や運・不運なども加わって入学した大学の評価がすなわち人の一生の評価となるというような認識・風潮も相当に変わっていくものと思われる。

また、大学に入学することが単なる目的ではなく、そのときから将来に備えたさらに厳しい勉強が始まるという認識が社会に定着していけば、受験勉強・受験競争に対する考え方は今とは大きく変わったものになっていくであろう。

大学入学後の勉強をより充実したものにし、大学の教育・研究レベルを向上させることに寄与する受験勉強はもとより奨励されるべきものである。

大学入学は新たな学問への出発であり、高等学校までに蓄えた力を基に、そこから自らの意思で学ぶ真の勉強が始まるのである。受験勉強はそのための準備の過程なのである。

◇小・中学校教育への影響

大学入試をめぐる状況の改善は、自ずと小・中学校の教育に良い影響をもたらす。小学校に比し中学校の教育の現状は高等学校の入試準備のために本来この時期に行うべき体験・経験を犠牲にするなど相当に深刻なものになっているが、大学入試をめぐる状況が改善されれば、こうした教育の現状も必ずや改善されていくであろう。また、このことが幼少期の教育に与える影響は決して小さなものではないのである。

(2) 「ゆとり教育」についての広報は不十分だった

「ゆとり教育」は二度の学習指導要領の改訂を経て、ほとんどその姿を留めないほどに変貌してしまった。

その根本に受験競争の問題があったということを述べてきたが、同時に「ゆとり教育」の理念・考え方・内容等について、学校・教師たち、さらには社会に向けて丁寧に説明し理解を求める努力が十分ではなかったということも強く感ぜられるのである。

中央教育審議会の審議が始まって以降広報には随分と気が配られた。中央教育審議会・教育課程審議会の三年間、会議終了後はその都度審議の状況について報道機関に説明が行われ、また、審議期間中はできるだけ多くの人々からの意見を積極的に聴取することにも努力が払われた。

学習指導要領の作成作業の過程でも、関係者からは公式に意見を求めたのをはじめ、随時広く人々からの意見聴取が行われた。学習指導要領告示後はパンフレットを作成して教育関係者はもとより社会に対し積極的に説明する努力が払われてきた。

しかし、例えば「学力低下」との批判が起こった時、それに対してタイムリーに反論・説明は行われたであろうか。また一度の説明では納得できない人々・メディアに対して、理解してもらうまでの丁寧な説明の努力が尽くされたであろうか……。

教育内容の厳選、「総合的な学習の時間」の創設、学校週五日制の実施はじめ「ゆとり教育」の構想は、第一部で見たように慎重な検討を重ねた結果の施策であったが、従来の教育の在り方を大きく変えるものであっただけに、もっと人々に丁寧な説明をし議論をつくして理解と共感を得る努力をすべきであったと今も思い返されるのである。

(3)　調査結果の分析は慎重に行う必要がある

本書を執筆中の令和元（二〇一九）年一二月四日、平成三〇（二〇一八）年に行われたＰＩＳＡ調査の結果が発表され、我が国の生徒の読解力の成績が一五位に急落したことが大きく取り上げられた。

ＰＩＳＡ調査は、世界の一五歳の生徒を対象に三年ごとに行われるもので、将来、社会生活で直面するであろう様々な課題に対し活用する力がどの程度身に付いているかを測定することを目的にしている。

この結果について様々な意見があるが、原因の分析は冷静に時間をかけて行うことが重要で、短兵急な原因の断定は避けなければならない。

というのも、かつてPISA調査の結果の原因について誤った判断が独り歩きし、以降の教育施策に重篤な影響を与えたことがあったからである。

具体的には、平成一五（二〇〇三）年と平成一八（二〇〇六）年に行われたPISA調査で我が国の生徒の成績が下がった時、それは平成一四（二〇〇二）年度から始まっていた平成一〇（一九九八）年の学習指導要領の「ゆとり教育」に起因するものとされたのである。そして、この学習指導要領は学力低下をもたらす元凶として強い批判を受けたのだった。

しかし、事実は違っていたのである。実際は、PISA調査の成績低下と学習指導要領の改訂時期は連動していなかった。「ゆとり教育」の学習指導要領が実施されたのは平成一四（二〇〇二）年度、調査対象となった高校一年生はすでに平成六（一九九四）年と平成九（一九九七）年に小学校に入学しており、彼らは義務教育の大半を「ゆとり教育」の前の学習指導要領に基づく教育課程で学んだのであった。

調査の実施が平成一五（二〇〇三）年と平成一八（二〇〇六）年。平成一四（二〇〇二）年に新しい学習指導要領が始まった直後の調査だったので、新聞報道などを見た人たちは大方、今度始まった新しい学習指導要領のせいだと思ってしまったのだ。調査を受けたのはその前の学習指導要領で教育を受けた高校生だったことまでは考えが及ばなかったのであろう。

しかし、この一件が、平成一〇（一九九八）年告示の学習指導要領が長年にわたり批判を受け続ける大きな原因になったのだった。

加えて、この学習指導要領の改訂で、小学校の算数では円周率を「三・一四」ではなく「三」と教えることとなったという誤った情報も流れた。学習指導要領や教科書を見れば「三・一四」と記載されていることはすぐ分かるのであるが、情報が社会を席巻し、「ゆとり教育」は学習内容をあまりにも安易なものにし、「日本の子供たちをダメにする」とまで言われ続けたのであった。

また、第三部で中西氏が指摘しているように、当時「ゆとり教育が学力低下をもたらすもの」として批判した書物とされるものの中にも、後になって実はそのことが本意ではなかったとしているものも少なくないのである。

こうした過去の例を振り返る時、今回のＰＩＳＡ調査の結果について原因を究明する際は、短兵急な思い込みで原因を断定することなく、様々な角度から冷静に分析を行うことが必要である。誤った判断はその後の対応に大きな影響を与えることになるのである。

ちなみに、ＰＩＳＡ調査の後日談である。

我が国の子供たちの成績は平成二一（二〇〇九）年からＶ字回復するが、その調査を受けた高校一年生こそ「ゆとり教育」の学習指導要領で学んだ生徒たちだったのである。

⑷　これからの教育改革に向けて伝えたいこと

少なくともＰＩＳＡ調査に関する限り、「ゆとり教育」は「学力低下」とは無縁であった。

しかし、批判を受けたという事実が重い足かせとなって、その後二度の改訂を経た現在の学習指導要領は、教育内容は増加し、「総合的な学習の時間」は縮小し、完全学校週五日制は全校に行きわたらない状態と、まさにその様相は一変したものになってしまっている。

現在の学習指導要領と「ゆとり教育」の学習指導要領をあえて対比すれば、前者に比べて、後者はスリムで学校・教師の裁量を重視するものであったと言えよう。

教育内容の厳選と「総合的な学習の時間」によって、創意工夫と専門性を存分に発揮して教師たちが指導に当たる、学校週五日制の実施で子供たちは土曜日・日曜日、学校から解放されて自然体験・社会体験を満喫し心身をリフレッシュさせて新たな気持ちで月曜日からの学校生活を迎える、「ゆとり教育」にはこんな期待が寄せられたものだった。

「ゆとり教育」が実施されて二〇年近くを経、その間に我が国も世界も様々な面で急速な変化をしてきている。いまここで、「ゆとり教育」を振り返ると同時に、今後の教育改革に生かしてほしいと思われることを、特に重要なものに絞って、以下に三点挙げてみたい。

一つは、教育の改革を考えるときは、何よりも子供たちの実態を踏まえることが重要であるということである。

教育の改革を検討するときは、ついついあれも必要これも必要という議論になりがちで、子供たちが学びきれるのかという一番肝心なことが二の次になってしまう。子供たちにあれもこれも身に付けさせたいと思う気持ちは分からないではないが、しかし学校教育は人的にも時間的にも一定の条件下で行われるのであり、それらを十分に考慮に入れない改革案は結局、教育課程を過重なものとし、子供たちに過重な負担を強い、教師も子供たちも時間に追われる授業、慌ただしい学校生活を出現させ、理想は絵に描いた餅という結果を招来させてしまうのである。

「ゆとり教育」を検討するに当たって繰り返し確認されたことは、当時の状況が慌ただしいゆとりのないものとなっていた学校教育の現状を直視し、この状態を改め、何よりも「ゆとりのある学校教育」にしようということであった。

教育課程をどんなに理想的なものにしても、子供たちがその教育内容を真に理解しているか否かが重要なのであり、教えた内容が子供たちの真の理解に至っていなければ、焦燥感や自信喪失の子供たち、学校嫌いの子供たちを増やすだけになってしまうのである。

第一部第三章で紹介したように、平成一〇（一九九八）年の文部省の「学校教育に関する意識調査」では、小学校でも「半分くらい分かる」「分からないことが多い」「ほとんど分からない」のいずれかと回答した子供が少なくなく、これが中学校に進むと著しく増え、二年生の半数近くがこれらのいずれかにあたると回答し、教師も、小学校で約三割、中学校で約四割の子供について、授業を「半分くらい理解していると思う」「理解していないことが多いと思う」「理解していないと思う」のいずれかにあたると回答しているのである。

こうした状況は学校教育、しかも義務教育となると決して看過できない。

「ゆとり教育」は、何よりもこうした状況を改善し、子供たちを深い理解に導く授業の実現を目指したのである。

第二に挙げたいのは、「ゆとり教育」が目指した「生きる力」の育成という目標は堅持すべきだということである。

第一部第二章で述べたように「生きる力」を構成する要素はいずれも重要なものであるが、我が国の子供たちの現状を見ると、中でも、「知識を基礎に社会生活において実際に生かすことができる力」と「自立性」「自らの考えを持ち自らの言葉で表現する力」は特に力を注いで育む必要があるように思われる。

こうした力を育むために、各国それぞれに力を入れた取組みが行われていることの一端を第一部第三章で紹介したが、共通して言えることは、教師たちが、子供たちに自ら考えたり調べたり意見を発表させたり文章に書かせたりといった指導をじっくりと時間をかけて行っているということ、また、子供たちが自ら考え判断するのを忍耐強く待つ時間をしっかり取っているということである。

こうした指導は、慌ただしく時間に追われる状況ではとても行えないし、また、教師が教えることを子供たちが受動的に覚えるという授業ではこうした力は育まれないのである。

我が国における国際化・情報化の著しい進展は、テレビをはじめ様々な報道によって日々実感しているが、こうした社会の変化は今後ますます加速していくであろう。

このような社会に生きていく子供たちに対して教育を行う学校教育は、「生きる力」の育成、中でも、「知識を基礎に社会生活において実際に生かすことができる力」と「自立性」「自らの考えを持ち自らの言葉で表現する力」の育成が特に重要なことだと思われるのである。

◇感性を育むことの重要性

第一部では、主として学力の点を中心に、今後の我が国の教育の在り方として、従来の教育の基調を転換して、「ゆとり教育」を通して、基礎・基本の徹底と思考力、判断力、表現力などの育成を図り「生きる力」を育むことが重要であることを述べた。

もう一つ重要な観点として、「ゆとり教育」を通して「生きる力」を育む中に「感性を育む」ということがある、ということである。このことは中央教育審議会も強調していたことであった。

第一部第二章の「生きる力」とは何かをもう一度振り返って見たい。そこでは、「生きる力」について次のように説明されていた。

「生きる力」は、……美しいものや自然に感動する心といった柔らかな感性を含むものである。さらに、よい行いに感銘し、間違った行いを憎むといった正義感や公正さを重んじる心、生命を大切にし、人権を尊重する心などの基本的な倫理観や他人を思いやる心や優しさ、相手の立場になって考えたり、共感することのできる温かい心、ボランティアなどの社会貢献の精神も「生きる力」を形作る大切な柱である。

今日、国内外で私たちに解決を迫っている課題は山積している。地球環境問題、エネルギー問題、貧困問題、感染症問題……、いずれも世界の平和・地球の安全まで脅かしかねない深刻な課題である。こうした深刻な現実を前にして痛感させられるのは、これらの課題解決に必要なのは知性の力以上に、人々がいかに豊かな感性を持っているか、不公正や間違った行いを憎む強い正義感を備えているか、他人を思いやる心・特に弱い立場にある人への優しさがあるかなどではあるまいか。

これまでにも繰り返し指摘されてきた国際化や情報化は世界を舞台にますます加速していくであろう。そしてそれは生活をよりスピーディで便利なものにしていくであろうが、同時に深刻な負の影響を与えることも間違いないのである。

現に今日、国際化の進展は、国家間の協力・協調関係を強化するよりも、国家間の対立・紛争を激化させているのではないか。また、国籍・人種・経済的格差などによる差別感情をますます増大させているのではないか。

また、情報化の進展は、国家間・個人間の陰湿な情報戦を激化させ、世界中の人々の心を動揺させ社会を一層不安にさせているのではないか。

こうした現実を前に強く思わされることは、このような世界を良い方向に導いていくために必要なのは、人々の感性・正義感・心の優しさなどであり、人々の中にそうしたものが育まれているかどうかが今後ますます重要なこととなっていくということなのである。

そして今後は、こうした感性・正義感・心の優しさなどを育むことこそが学校教育の重要な任務として社会から強く求められていくこととなるであろう。

こうした教育こそ、いわゆる対処療法的・技術的なノウハウではなく、人間としての生き方在り方の基礎・基本ともいえる「生きる力」を育成するということである。

そのためには、学校が子供たちにとっても教師にとっても、時間的にも精神的にもゆとりのある教育の場になっていなければならない。

「ゆとり教育」が目指したのはまさにそれであった。また、その中で講じられた教育内容の厳選、「総合的な学習の時間」の創設などによって教育の在り方の基調を転換するなどの施策もそうした考え方の基に提言されたものであった。

今後、教育の改革を検討するに当たっては、このような「ゆとり教育」の考え方、またそのために講じられた個別の施策についても改めて分析評価し生かせるところは生かしていくことが望まれるのである。

そして、第三に挙げたいことは、学校教育の役割は生涯学習の基礎を培うことだという観点に立って、

① 家庭教育、社会教育、学校教育それぞれの関係を見極めながら、その責任と役割分担を明確にする

② 同時に、学校の教育課程について教科の再編・統合を含め検討していく必要があるということである。

そして、こうした課題は短時間で結論を導くことのできないものであることから、二〇年前「ゆとり教育」を提言した中央教育審議会は、これらの問題を継続的に調査審議する常設の委員会を教育課程審議会に設けることを提言していた。

それが早急に実行に移されることを望みたい。

①の代表的な例は部活動の扱いであろう。

部活動についいては多くの人がその意義を認めつつ、勝利至上主義がもたらす弊害、指導者の確保の問

題、教師の労働過重の問題などから学校外の活動へ移行することを望む意見も強くあり、その扱いは教育課程改訂の度に揺れ動いてきた。

歴史的に長い経緯を持つ問題であり、簡単に黒白をつけることは困難である。とはいえ、部活動をめぐって何か事件などが発生する度にその扱いが新たに示されるような対応は、部活動の発展のためにも決して望ましくないのである。

もちろん各教科・道徳・特別活動に関しても、また、教育課程以外の学校の行っている活動の中にも、家庭や地域社会にその役割を移行させることが望ましいものも少なくない。こうした学校・家庭・地域社会での役割分担の見直しも何か事が生じたときに場当たり的に行うのではなく、日ごろから継続的に常設の委員会の場で行っておくことが必要なのである。

②の代表的な例としては情報化の進展への対応を挙げることができるであろう。

今日の情報化の進展の速度は、二〇年前には到底予測できなかったものである。

スマートフォン、インターネットはじめ様々な情報媒体によって子供たちと教師たちは同時に同じ情報を獲得できる。かつて学校こそがあらゆるものに先んじて情報を得、最新の情報は学校から発信され「学校は文化のセンター」と称されていたころとは様相が一変している。

こうした情報化の著しい進展は、教育の在り方、学習の在り方など多くのことを見直さざるを得ない大きな影響を与えている。

すべての子供たちに一人一台のパソコンやタブレット端末が整備されそれが学校教育に活用されるとすれば、これらの情報機器がノートや鉛筆に替わる文房具となるのである。そのためには、タイピングをはじめ、これらの情報機器の基礎的な操作方法はすべての子供たちが身に付けなければならないが、その指導はいつ・誰が・どのように行うか、速やかに決定し実行することが必要になってくる。

社会の変化は情報化の進展に限らない。二〇年前中央教育審議会が「答申」において社会の変化の代表例として挙げた国際化、環境問題の深刻化、科学教育の重要性の増大なども、今日その変化はますます加速され、社会の様々な分野で大きな影響を与えている。

このような社会の変化を見通し、あらかじめそれに備えて教育の在り方を検討しておくため、二〇年前、中央教育審議会は次のようにその考えを述べて、上述の常設の委員会の設置を提言していたのである。

①　これからの学校が目指す教育は、生涯学習社会を見据えつつ、学校ですべての教育を完結するという考え方を採らず、自ら学び自ら考えるなどの「生きる力」という生涯学習の基礎的な資質の育成を重視する。

②　学校教育に対しては、社会の変化等に伴い、絶えずその教育内容を肥大化・専門化させる要請があると考えられるが、学校教育で扱うことのできるものは、時間的にも、内容の程度においても、一定の限界があることは言うまでもない。新たな内容を学校教育に取り入れる場合は、その代わりに、社会的な必要性が相対的に低下した内容を厳選する必要がある。

③　学校の教科等の構成の在り方については、学校教育に対する新たな社会的要請、学校教育を取り巻く環境の変化、教育課程に関する最新の学問成果等を勘案し、不断に見直していく必要があるが、この問題は、理論的な検討とともに学校現場での研究実践の積み重ねを行う外、教員養成や教科等の見

直しに伴う種々の条件整備も考慮した総合的な検討を要する問題である。

④　このような考えの下に、教科の再編・統合を含めた将来の教科等の在り方について、早急に検討に着手する必要がある。

⑤　この問題の特質にかんがみ、検討の場として、教育課程審議会に継続的に調査審議する常設の委員会を設ける。その審議の成果は施策に反映させることが適当である。

この提言は、現在でも意義のある提言と言えよう。

なお、この中にある「教育課程審議会」は、その後の行政改革により改編され、現在は、中央教育審議会初等中等教育分科会教育課程部会になっている。

こうして「ゆとり教育」を振り返るとき、二〇年前の「ゆとり教育」とは何であったのか、いま、そのことを改めて考えてみることの意味は決して小さくないように思われる。

資　料

1　教育課程実施状況調査（平成５～７年度）の結果

学年別教科別の平均通過率

	国　語	社　会	算数・数学	理　科	外国語
小学校 第５学年	80.0	74.9	66.8	72.2	—
小学校 第６学年	79.1	73.6	64.6	70.6	—
中学校 第１学年	74.8	45.6	58.6	54.1	63.9
中学校 第２学年	70.9	50.0	63.2	57.9	65.1
中学校 第３学年	71.7	68.1	61.1	61.1	56.8

（単位：％）

以下に掲げているのは、調査に用いられた問題の例である。

（小学校　第５学年　国語）

次の文の＿＿部を漢字に直して、□の中に書きましょう。

		正答	正答率(％)
一	あなたの名前を書いた　ふだ　はどれですか。	札	58.8
二	細長い竹をひもで　たば　にする。	束	55.1
三	その　はこ　には何がはいっていますか。	箱	79.4
四	校庭に　うめ　の木は植えてありますか。	梅	81.9
五	ボールを　な　げる。	投	72.4
六	あしたは、お　やす　みです。	休	94.5
七	びょういん　へ行きました。	病院	75.8
八	その意見には、はんたい　です。	反対	63.5
九	相手の　じゅうしょ　をはっきり書く。	住所	67.1
十	トラックで重い石を　はこ　ぶ。	運	79.1

（小学校　第５学年　算数）

次の計算をして、答えを□の中に書きましょう。

1　9.3×0.82　（正答　7.626　　正答率　73.4%）

2　$7-0.14\div0.7$　（正答　6.8　　正答率　39.1%）

3　$\frac{5}{6}+\frac{3}{8}$　（正答　$1\frac{5}{24}$（$\frac{29}{24}$）又は$1\frac{10}{48}$（$\frac{58}{48}$）　正答率　77.6%）

4　$2\frac{1}{6}-\frac{2}{3}$　（正答　$1\frac{1}{2}$（$\frac{3}{2}$）又は$1\frac{3}{6}$（$\frac{9}{6}$））　正答率　67.4%）

（中学校　第２学年　国語）

次の１から５の文中の＿＿線部分の漢字の正しい読みを平仮名で□の中に書きなさい。

		正答	正答率(%)
1	彼の企ては成功した。	くわだ（て）	18.8
2	目上の人を敬う。	うやま（う）	54.4
3	入会を勧める。	すす（める）	33.6
4	朝顔の発芽を観察する。	はつが	86.5
5	道路を拡張する。	かくちょう	74.2

（中学校　第２学年　数学）

長さ20cmのひもを３人でわけます。最初に、忠夫さんがＸcmとり、残りを道代さんと雅彦さんが２等分して、ｙcmずつとります。Ｘとｙの関係を表すと、$X+2y=20$になります。このとき、次の問いに答えなさい。

1　Ｘの値が4のとき、ｙの値を求め、答えを下の□の中に書きなさい。
〈正答　８又は８cm　　正答率　81.7%〉

2　Ｘの変域を求め、答えを下の□の中に書きなさい。
〈正答　$0<X<20$　　正答率　28.7%〉

3　$X+2y=20$をｙについて解き、答えを下の□の中に書きなさい。
〈正答　$y=(20-X)\div2$　又は　$y=-\frac{1}{2}X+10$　正答率　47.3%〉

2　IEA調査（平成７年度実施）の結果

（小・中学生の算数・数学の好き嫌い）

学年	大好き	好き	嫌い	大嫌い
小３	31.7	46.1	16.7	4.8
小４	23.9	47.0	22.3	6.4
中１	10.9	43.4	35.1	10.5
中２	9.6	43.0	36.5	10.6

（単位：％）

（小・中学生が算数・数学について思っていること）

質問項目	学年	強くそう思う	そう思う	そう思わない	全くそう思わない
算数の勉強は楽しい	小３	22.7	56.2	16.3	3.9
	小４	15.9	55.9	23.3	4.3
数学の勉強は楽しい	中１	6.5	44.4	41.3	7.7
	中２	5.1	40.8	44.8	9.2
算数はやさしい	小３	12.2	40.5	38.1	8.2
	小４	6.8	33.6	50.0	8.9
数学はやさしい教科である	中１	2.3	13.0	62.8	21.8
	中２	1.9	11.0	60.7	26.3
数学は生活の中でだれにも大切だ（中のみ）	中１	20.6	58.4	18.0	2.9
	中２	14.2	57.0	24.4	4.4

（単位：％）

（小・中学生の理科の好き嫌い）

学年	大好き	好き	嫌い	大嫌い	無答
小３	41.3	44.8	10.3	2.8	0.8
小４	36.3	48.4	12.6	2.4	0.4
中１	12.5	47.3	31.4	8.7	0.1
中２	11.6	44.1	33.9	10.2	0.2

（単位：％）

（小・中学生が理科について思っていること）

（単位：%）

項目内容	学年	賛成	反対	無答
理科の勉強は楽しい	小３	86.2	12.7	1.0
	小４	86.9	12.6	0.6
	中１	59.4	40.4	0.3
	中２	52.1	47.8	0.1
理科はやさしい	小３	62.7	36.8	0.5
	小４	52.6	47.1	0.3
	中１	17.0	82.7	0.2
	中２	14.4	85.5	0.1
理科は生活の中でだれにも大切（中のみ）	中１	53.9	45.7	0.3
	中２	47.8	52.0	0.2

出典：国立教育研究所（当時）「第３回国際数学・理科教育調査国内中間報告書」
「同最終報告書」（小学校）、「同最終報告書」（中学校）
（平成８年～10年、東洋館出版社）

3　不登校児童生徒数の推移

不登校の児童生徒の数の状況は、次の表のとおりである。

	小学校		中学校		合計	
平成３年度	12,645	0.14	54,172	1.04	66,817	0.47
平成４年度	13,710	0.15	58,421	1.16	72,131	0.52
平成５年度	14,769	0.17	60,039	1.24	74,808	0.55
平成６年度	15,786	0.18	61,663	1.32	77,449	0.58
平成７年度	16,569	0.20	65,022	1.42	81,591	0.63
平成８年度	19,498	0.24	74,853	1.65	94,351	0.75
平成９年度	20,754	0.26	84,660	1.89	105,414	0.85
平成10年度	26,017	0.34	101,675	2.32	127,692	1.06
平成11年度	26,047	0.35	104,180	2.45	130,227	1.11
平成12年度	26,373	0.36	107,913	2.63	134,286	1.17
平成13年度	26,511	0.36	112,211	2.81	138,722	1.23
平成14年度	25,869	0.36	105,383	2.73	131,252	1.18

	小学校		中学校		合計	
平成15年度	24,077	0.33	102,149	2.73	126,226	1.15
平成16年度	23,318	0.32	100,040	2.73	123,358	1.14
平成17年度	22,709	0.32	99,578	2.75	122,287	1.13
平成18年度	23,825	0.33	103,069	2.86	126,894	1.18
平成19年度	23,927	0.34	105,328	2.91	129,255	1.20
平成20年度	22,652	0.32	104,153	2.89	126,805	1.18
平成21年度	22,327	0.32	100,105	2.77	122,432	1.15
平成22年度	22,463	0.32	97,428	2.73	119,891	1.13
平成23年度	22,622	0.33	94,836	2.64	117,458	1.12
平成24年度	21,243	0.31	91,446	2.56	112,689	1.09
平成25年度	24,175	0.36	95,442	2.69	119,617	1.17
平成26年度	25,864	0.39	97,033	2.76	122,897	1.21
平成27年度	27,583	0.42	98,408	2.83	125,991	1.26
平成28年度	30,448	0.47	103,235	3.01	133,683	1.35
平成29年度	35,032	0.54	108,999	3.25	144,031	1.47
平成30年度	44,841	0.70	119,687	3.65	164,528	1.69

（注１）調査対象：国公私立小・中学校（小学校には義務教育学校前期課程、中学校には義務教育学校後期課程及び中等教育学校前期課程を含む。）
（注２）年度間に連続又は断続して30日以上欠席した児童生徒のうち不登校を理由とする者について調査。不登校とは、何らかの心理的、情緒的、身体的、あるいは社会的要因・背景により、児童生徒が登校しないあるいはしたくともできない状況にあること（ただし、病気や経済的理由によるものを除く。）をいう。
出典：「平成30年度 児童生徒の問題行動・不登校等生徒指導上の諸課題に関する調査結果について」文部科学省初等中等教育局児童生徒課

4　いじめの発生件数の推移

いじめの発生件数の状況は、次の表のとおりである。

	小学校	中学校	合計
平成３年度	7,718	11,922	19,640
平成４年度	7,300	13,632	20,932
平成５年度	6,390	12,817	19,207
平成６年度	25,295	26,828	52,123

平成７年度	26,614	29,069	55,683
平成８年度	21,733	25,862	47,595
平成９年度	16,294	23,234	39,528
平成10年度	12,858	20,801	33,659
平成11年度	9,462	19,383	28,845
平成12年度	9,114	19,371	28,485
平成13年度	6,206	16,635	22,841
平成14年度	5,659	14,562	20,221
平成15年度	6,051	15,159	21,210
平成16年度	5,551	13,915	19,466
平成17年度	5,087	12,794	17,881
平成18年度	60,897	51,310	112,207
平成19年度	48,896	43,505	92,401
平成20年度	40,807	36,795	77,602
平成21年度	34,766	32,111	66,877
平成22年度	36,909	33,323	70,232
平成23年度	33,124	30,749	63,873
平成24年度	117,384	63,634	181,018
平成25年度	118,748	55,248	173,996
平成26年度	122,734	52,971	175,705
平成27年度	151,692	59,502	211,194
平成28年度	237,256	71,309	308,565
平成29年度	317,121	80,424	397,545
平成30年度	425,844	97,704	523548

（注１）平成５年度までは公立小・中学校を調査。平成６年度からは特殊教育諸学校、平成18年度からは国私立学校を含める。

（注２）平成６年度及び平成18年度に調査方法等を改めている。

（注３）平成17年度までは発生件数、平成18年度からは認知件数。

（注４）小学校には義務教育学校前期課程、中学校には義務教育学校後期課程及び中等教育学校前期課程を含む。

出典：「平成30年度 児童生徒の問題行動・不登校等生徒指導上の諸課題に関する調査結果について」文部科学省初等中等教育局児童生徒課

5　学校教育に関する意識調査（平成10年）

学校の授業の理解度

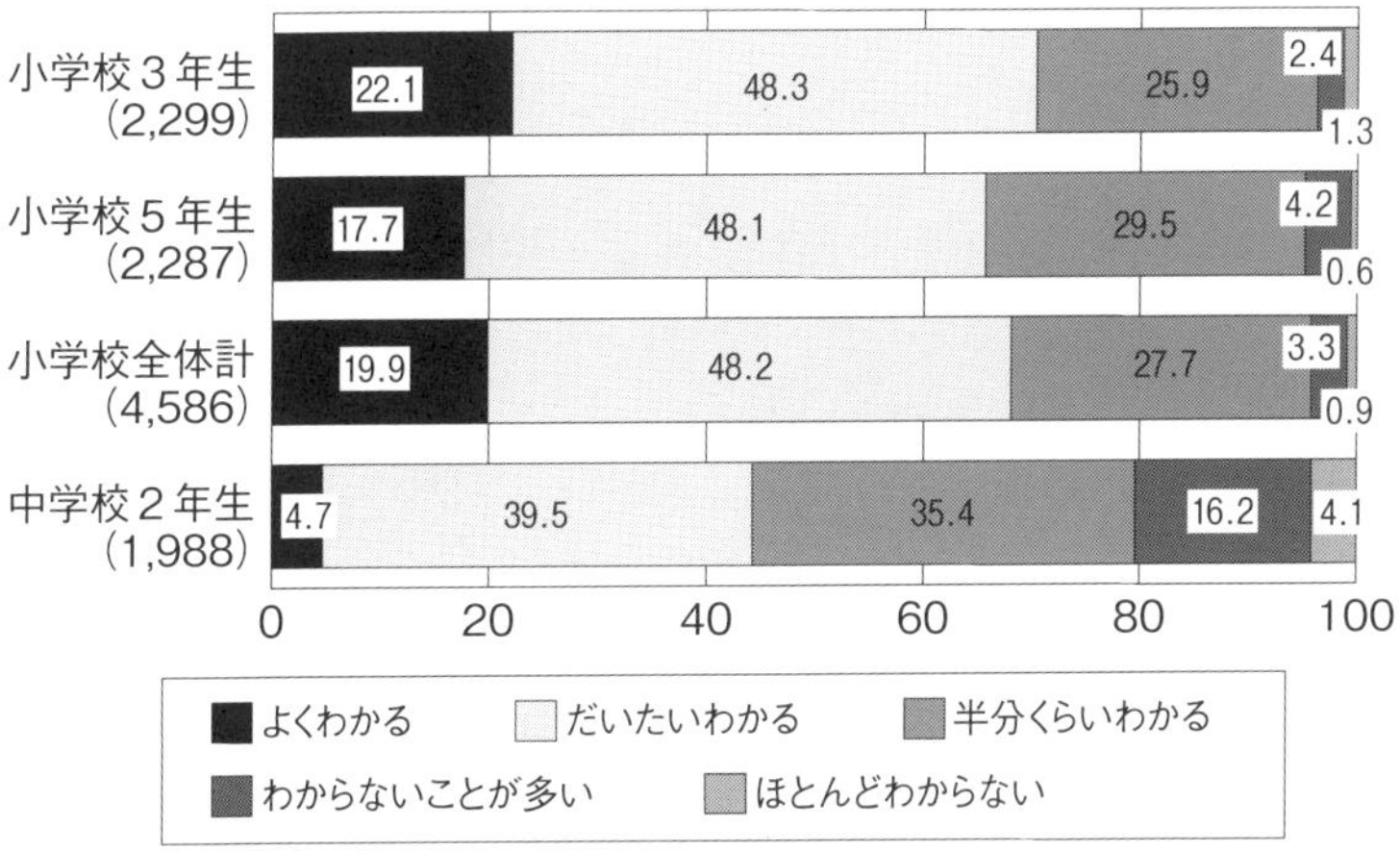

教員による児童生徒の授業の理解度

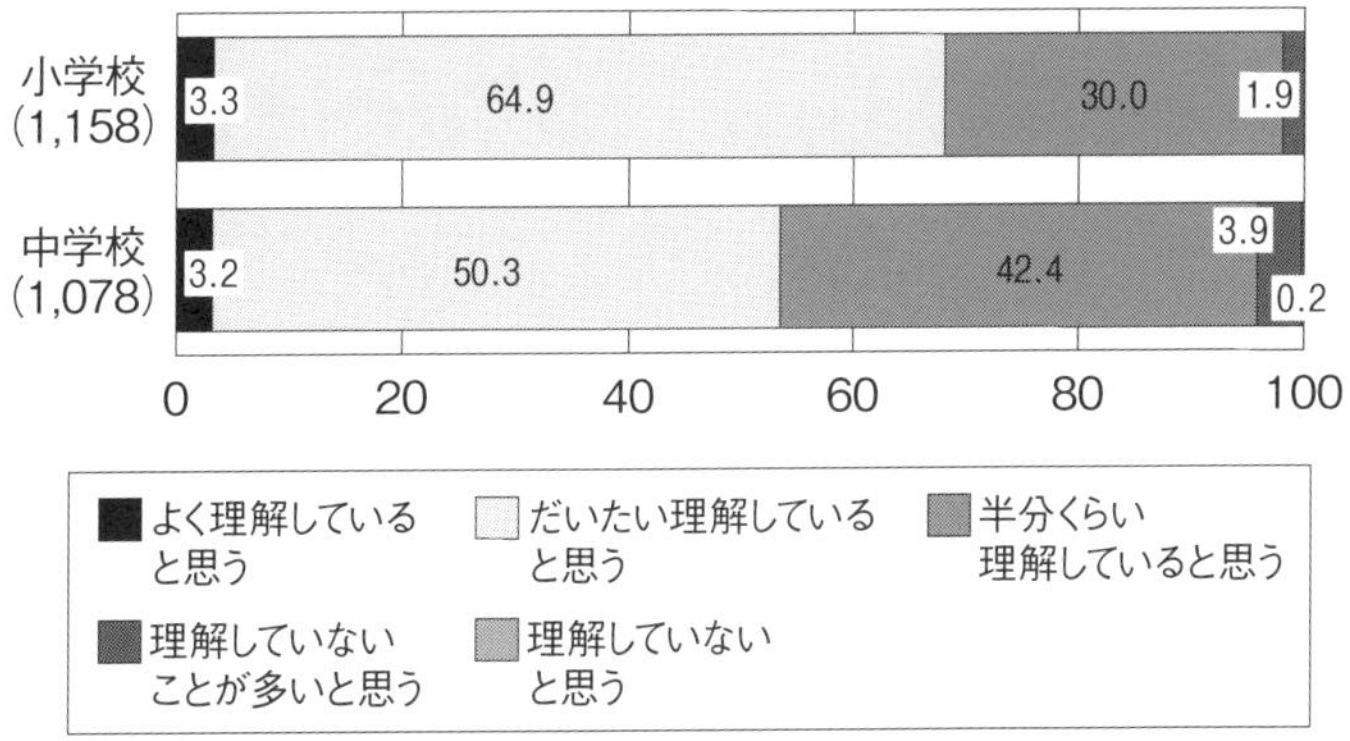

6　各教科等の教育内容の厳選例

各教科等の教育内容の具体的な厳選の例を示すと、次のとおりである。

（教育課程審議会の答申より）

（国語）

ア　文学的な文章の詳細な読解に偏りがちであった指導を改め、論理的に意見を述べる能力や目的・場面等に応じて適切に表現する能力、的確に読み取る能力や読書に親しむ態度の育成を重視する。

イ　漢字の指導では、現在、中学校修了までに学年別漢字配当表の漢字（一〇〇六字）に使い慣れ、常用漢字の大体を読むことができるようにすることとされているが、読みの指導は基本的に現行通りとし、書きの指導では、学年ごとに配当されている漢字について当該学年では漸次、文や文章の中で書くようにし、上の学年までに確実に習得するように指導することとする。

ウ　学年別漢字配当表に示す漢字の学年ごとの取扱いは、必要に応じて、当該学年以前または以降に指導することができるなど、弾力的に指導できるようにする。

エ　小学校、中学校を通じて、学校や子供の実態に応じて弾力的な指導ができるよう、目標や内容を二学年まとめて示すようにする。

オ　古典の指導については、小学校では親しみやすい文語調の文章について音読を中心に指導することとし、中学校においても古典に親しませることに重点をおき、言葉のきまりの指導は細部にわたることなく教材に即して必要な範囲にとどめることとする。

（社会）

（小学校）

ア　網羅的で知識偏重の学習にならないよう、基礎的・基本的な内容に厳選し、学び方や調べ方の学習、作業的体験的な学習や問題解決的な学習など子供たちの主体的な学習を重視する。

イ　第三学年と第四学年については、目標や内容を二学年まとめて示し、

「地域」に関する指導を弾力的に行えるようにする。

ウ　現在第四学年で行っている「地域の開発」に関する指導は、第六学年に移行し、政治の働きに関する内容に含めて行うようにする。また、第四学年で行っている「国土の様子」に関する指導の中で、子供たちにとって抽象的な学習になりがちな「人口や資源」などに関する内容は、中学校へ移行する。

エ　現在第五学年で行っている「伝統的な技術を生かした工業」に関する指導は、第四学年に移行し、「都道府県の産業」に関する指導の中で扱うようにする。

オ　現在第六学年で行っている歴史の指導では、我が国の今日までの歴史に対する興味・関心・理解と愛情を深めるようにするため、「人物の働きや代表的な文化遺産」を中心にした指導を重視するものにする。また、歴史的事象は、一層精選して指導できるようにする。

（中学校）

カ 「地理的分野」については、日本と世界の諸地域学習の内容を再構成し、日本や世界に関する基礎的な内容をしっかり身に付けることができるようにする。

キ 「歴史的分野」については、古代、中世、近世、近代のように時代区分を大きくとって内容を再構成し、我が国の歴史の流れを世界の歴史を背景に理解するようにする。

ク 「公民的分野」については、他教科との関連を考慮して現代の社会生活の内容の一部を削除し、国際政治や国際経済の中の高度な学習になりがちな内容については、高等学校公民科へ移行する。

(算数・数学)

ア　実生活での様々な事象との関連を考慮することや自ら課題を見つけて問題を解決する活動などを通して学習を進めるようにすることを重視して、内容の改善を図る。

（小学校）

イ 「数と計算」の領域では、桁数の多い整数や少数の計算、帯分数を

含む複雑な分数の計算など内容の範囲や程度を軽減し、少数や分数の内容は上の学年へ移行する。

ウ 「量と測定」の領域では、柱体と垂体の表面積の内容を中学校へ移行する。

エ 「図形」の領域では、図形の合同・対称、縮図や拡大図、垂体などの立体図形の内容は中学校へ移行する。

オ 「数量関係」の領域では、文字式、比例や反比例の式、物事の起こり得る場合の調べ方の内容は中学校へ移行する。また、度数分布の内容や取扱いが行き過ぎになりがちな比の値の内容は削除する。

（中学校）

カ 「数と式」の領域では、文字を用いた式の計算の内容を軽減し、一元一次不等式や二次方程式の解の公式については、高等学校で指導することとする。

キ 「図形」の領域では、図形の相似の内容を上の学年へ移行し、接線と弦が作る角など円の性質に関する内容の一部、また、三角形の重心の内容は高等学校へ移行する。

ク 「数量関係」の領域では、いろいろな事象と関数の内容や標本調査の内容などは高等学校へ移行する。

(理科)

（小学校）

ア 「生物とその環境」の領域では、「植物体の水の蒸散」などの内容は中学校へ移行する。また、「男女の体の特徴」は、他教科で扱うものとする。

イ 「物質とエネルギー」の領域では、「物の性質と音、重さとかさ、水溶液の蒸発による物質の分離、中和、金属の燃焼」などの内容は中学校へ移行する。

ウ 「地球と宇宙」の領域では、「空気中の水蒸気の変化、太陽の表面の様子、北天や南天、全天の星の動き、堆積岩と火成岩などの内容は中学校へ移行する。

（中学校）

エ　「第一分野・物理的領域及び化学的領域」では、「比熱、電力量、イオン、中和反応の量的関係、力の合成と分解」などの内容は高等学校に移行する。また、「情報手段の発展」に関する内容は、他教科で扱うこととする。

オ　「第二分野・生物的領域及び地学的領域」では、「大地の変化の一部、月の表面の様子、日本の天気の特徴、遺伝の規則性や生物の進化」などの内容は高等学校に移行する。

（生活）

ア　目標や内容を二学年まとめて示し、弾力的な指導を行えるようにする。

イ　現在12区分となっている内容を、「学校と生活」、「家庭と生活」、「地域と生活」、「公共物や公共施設の利用」、「季節の変化と生活」、「自然や物をつかった遊び」、「動植物の飼育・栽培」、「自分の成長」の八の内容で構成することとする。

（音楽）

（小学校）

ア　目標や内容を二学年まとめて示し、弾力的な指導を行えるようにする。

イ　「音符、休符、記号」など知識理解に関する内容については、全学年を通じて弾力的な指導ができるようにする。

ウ　「歌唱、器楽、鑑賞」の教材について、各学校の裁量を拡げ、弾力的な指導を行えるように、扱うべき曲数は定めないこととする。ただ、「鑑賞」の教材については、子供たちが我が国や諸外国の音楽に関心を深め親しむことを奨励する観点から、教材選択の観点を示すこととする。

（中学校）

エ　「表現活動」については、合唱や合奏などの表現形態を各学校の裁量で選択できるようにする。

オ　「歌唱、鑑賞」の教材については、共通教材は示さないこととする。ただ、これまで歌い継がれ親しまれてきた我が国の歌曲を含めて取り上げることを奨励する観点から、教材選択の観点を示すこととする。

（図画工作・美術）

（小学校）

ア　目標や内容を二学年まとめて示し、弾力的な指導が行えるようにする。

イ　「表現」の活動について、様々な活動を一体的に行えるよう、活動内容の学年の指定は示さないこととする。

（中学校）

ウ　「絵画と彫刻」、「デザインと工芸」で活動内容をまとめて示し、表現分野と表現方法等の選択を柔軟に行えるようにする。

エ　「材料の加工技術や道具の使用方法」など他教科と重複する内容は精選を図る。

（家庭）

（小学校　家庭）

ア　内容を「被服」「食物」及び「家族の生活と住居」の領域ごとに示していることを改め、「自分と家庭生活」「食事のとり方と調理」「衣服への関心と小物の製作」「快適な住まい方」「計画的な生活と買物」「家庭生活の工夫」などに関する内容で構成し、内容の関連を図って指導するようにする。

イ　目標や内容を二学年まとめて示し、弾力的な指導が行えるようにする。

ウ　「金銭の記録の仕方」など家庭や日常の生活で行った方が効果的な内容は削除する。

（中学校　技術・家庭）

エ　「木材加工」「電気」「家庭生活」「食物」など11領域に細分化されている構成を生活の視点に立って総合化し、「技術」と「家庭」の二領域に再編する。

オ　「技術」及び「家庭」の各領域は、共通履修させる基礎的・基本的な内容と子供の興味・関心等に応じて選択的に履修させる発展的な内容で構成することとする。

カ　基礎的・基本的な内容と発展的な内容に配当する授業時数や履修学年は、各学校で設定することとし、国は基準を規定しないこととする。

キ　食品名や調理方法などについては、大綱的な基準を示すにとどめることとする。

（保健体育・体育）

ア　「体育領域」では、運動領域の選択的な指導を一層弾力的にできるようにする。

（小学校）

イ　「体操を除いた運動領域（器械運動・陸上運動・水泳・ボール運動・表現運動）」について、指導すべき学年の指定を廃止する。

ウ　「保健領域」の「体の発育・発達」や「性」に関する内容は、各学校の判断で子供の実態を踏まえて、重点化して行うことができるようにする。

（中学校）

エ　「体育領域」では、選択数の指定を減じ、弾力的な指導が行えるようにする。

オ　「保健領域」については、小学校と同様に、「体の発育・発達」や「性」に関する指導を重点化して行うことができるようにする。

（外国語）

（中学校）

ア　高等学校と同様、外国語の履修を必修とするが、「聞くこと」「話すこと」「読むこと」「書くこと」の各領域の言語活動の内容を、三年間を通して一括して示すこととする。

イ　「音声」「文・文型」「文法事項」「語・連語」などの言語材料は、基本的な事項に整理し、「文法事項」や「語数」など内容の一部を削除する。

（道徳教育）

ア　各教科等との関連や児童生徒の日常生活を考慮した重点的な指導を行えるようにする。

イ　家庭や地域社会との連携を図りながら、小学校では二学年を通して、中学校では三学年を通して重点的な指導が行えるようにする。

（特別活動）

ア「学級活動」では、子供たちの自発的・自治的な活動が一層活発に行えることを重視する。また、「情報」の活用は、教科等で指導が行われることから削除する。

イ「学校行事」では、内容の重点化を図るとともに、行事間の関連や統合を図り、練習や準備の在り方を見直すなどにより行事を精選する。

7　文部大臣から中央教育審議会への諮問文

次の事項について、別紙理由を添えて諮問します。

「21世紀を展望した我が国の教育の在り方について」

平成7年4月26日

文部大臣　与謝野　馨

（理由）

21世紀に向けて、国際化、情報化、科学技術の発展、高齢化、少子化や経済構造の変化など、我が国の社会は大きく変化しており、このような変化を踏まえた新しい時代の教育の在り方が問われるとともに、今日、受験競争の過熱化、いじめや登校拒否の問題など様々な教育上の課題に直面している。また、学校週五日制の今後の在り方や青少年の科学技術離れへの対応などについての検討が求められている。

既に、臨時教育審議会や第14期中央教育審議会の答申などを踏まえ、生涯学習、初等中等教育、高等教育など各般にわたり教育改革を推進してきたところであるが、今後、我が国が、創造的で活力があり、かつ、ゆとりと潤いのある社会を築いていくためには、教育の現状における諸

課題を踏まえつつ、21世紀を展望した我が国の教育の在り方について検討し、所要の改善方策を推進していく必要がある。

（検討の視点と検討事項）

今日、受験競争の過熱化、いじめや登校拒否の問題あるいは学校外での社会体験の不足など、豊かな人間性を育むべき時期の教育に様々な課題がある。

これらの課題に適切に対応していくためには、今後における教育の在り方について基本的な検討を加えつつ、子供たちの人間形成は、学校・家庭及び地域社会の全体を通して行われるという教育の基本に立ち返り、それぞれの教育の役割と連携の在り方について検討する必要がある。

これに関して、これまで段階的に進められてきた学校週５日制の今後の在り方について検討する必要がある。

また、子どもたち一人一人を大切にしつつ、その個性を伸長するという基本的な考え方に立って、学校教育の各段階を通じ、一人一人の能力・適性に応じた教育をいかにすすめ、また、学校間相互の接続をいかに改善し、多様な進路を確保するかについて、基本的な検討を行う必要がある。なお、これに関し、特定の分野において稀有な才能を有する者について、教育上の例外措置に関する検討が望まれる。

一方、我が国の社会は、国際化、情報化、科学技術の発展、高齢化、少子化や経済構造の変化など大きく変化しており、このような社会の変化に対応する教育の在り方を追求していくことが、今求められている。

特に、国際化が進展する中で、国際社会において信頼される日本人を育成するとともに、国際社会に進んで活躍し得る人材をいかに育成していくかという問題は、一層重要な課題となっている。情報通信の分野では、マルチメディアの普及という新たな時代を迎えつつあり、このような時代における教育の在り方も重要な課題となっている。また、科学技術が発展する中で、近年、若者のいわゆる科学技術離れの傾向が指摘され、資源小国の我が国の将来を危惧する声もある。

したがって、このような社会の変化に対応する教育の在り方について

基本的な検討を行う必要がある。

⑴今後における教育の在り方及び学校・家庭・地域社会の役割と連携の在り方

⑵一人一人の能力・適性に応じた教育と学校間の接続の改善

⑶国際化、情報化、科学技術の発展等社会の変化に対応する教育の在り方

8　中央教育審議会の委員・専門委員

審議会の委員・専門委員は次の各氏であった。(平成8 (1996) 年7月19日現在)

審議には委員に加えて小委員会には専門委員が発令されて審議に加わった。

会　長	有　馬　朗　人	理化学研究所理事長
副会長	鳥　居　泰　彦	学校法人慶応義塾長
第一小委員会		
委　員	市　川　芳　正	前東京都教育委員会教育長
	薄　田　泰　元	社団法人日本PTA全国協議会会長
	河　合　隼　雄	国際日本文化研究センター所長
(座長)	河　野　重　男	東京家政学院大学長
	國　分　正　明	日本芸術文化振興会理事長
	高　木　　　剛	ゼンセン同盟書記長
	田　村　哲　夫	学校法人渋谷教育学園理事長 渋谷幕張中学・高等学校長
	永　井　多恵子	日本放送協会解説委員
専門委員	油　井　　　誠	静岡県島田市立初倉中学校教頭
	佐々木　初　朗	盛岡市教育委員会教育長
	薩日内　信　一	東京都渋谷区立大向小学校長
	里　中　満智子	漫画家

	末　吉　裕　郎	社団法人全国子ども会連合会相談役
	那須原　敬　子	前茨城県PTA連絡協議会母親委員会委員長
	蓮　見　音　彦	東京学芸大学長
	増　井　俊　明	前東京都立九段高等学校長
	牟　田　悌　三	俳優
第二小委員会		
委　員	江　崎　玲於奈	筑波大学長
	川　口　順　子	サントリー株式会社常務取締役
（座長）	木　村　　　孟	東京工業大学長
	小　村　善　彦	学習院大学教授
	坂　元　　　昂	放送教育開発センター所長
	俵　　　万　智	歌人
	土　田　英　俊	早稲田大学教授
	根　本　二　郎	日本郵船株式会社代表取締役会長
専門委員	青　木　　　保	東京大学教授
	河　田　耕　一	埼玉県立伊奈学園総合高等学校教頭
	小　澤　紀美子	東京学芸大学教授
	児　島　邦　宏	東京学芸大学教授
	サムエルM.シェパード	日米教育委員会事務局長
	中　　　進　士	前東京都港区立青山中学校長
	山　際　　　隆	富山大学教授

（備考　委員は、所属する小委員会以外の小委員会にも出席し、発言することができた。）

9　中央教育審議会答申のうち「社会の変化に対応する教育」に関する部分（概要）

（国際化に対応した教育）

ア　広い視野を持ち、異文化を理解するとともに、これを尊重する態度や異なる文化を持った人々と共に生きていく資質や能力の育成を図る

ことが必要であること。
イ　国際社会において、相手の立場を尊重しつつ、自分の考えや意思を表現できる基礎的な力を育成する観点から、外国語能力の基礎や表現力等のコミュニケーション能力の育成を図る必要があること。
ウ　多様な異文化の生活・習慣・価値観などについて、「どちらが正しく、どちらが誤っている」ということではなく、「違い」を「違い」として認識していく態度や相互に共通している点を見つけていく態度、相互の歴史的伝統・多元的な価値観を尊重し合う態度などを育成していくことが重要であること。
エ　一つのものの見方や考え方にとらわれて、異なる文化・生活・習慣などを断定的に評価するようなことは、子供たちをいたずらに偏見や誤った理解に陥らせる基になりかねず、決してあってはならないこと。
オ　自分自身が何ものであるかを知ること、すなわち自分自身の座標軸を明確に持つことが重要であること。日本人として、また、個人としての自己の確立が重要であること。

(情報化に対応した教育)

ア　初等中等教育においては、情報に埋没することなく情報や情報機器を主体的に選択して活用するとともに、情報を積極的に発信することができるよう「高度情報通信社会における情報リテラシー（情報活用能力)」の基礎的な資質や能力の育成が必要であること。
イ　情報化の進展が様々な可能性を広げるという「光」の部分と人間関係の希薄化、生活体験・自然体験の不足、心身の健康に対する様々な影響等の「影」の部分を克服しつつ、心身ともに調和のとれた人間形成を目指して、教育を進める必要があること。

(科学技術教育)

ア　初等中等教育においては、子供たちの自由な発想を大切にし、特に体験的な学習を通して、子供たちに科学的なものの見方や考え方などの豊かな科学的素養を育成する必要があること。そのためにも、これまでの知識を教え込む教育ではなく、自ら学び考える力や創造性の基

礎となる力の育成へと教育の基調を変えていく必要があること。
イ　子供たち自身の発想を生かした観察・実験、探究活動などを通して問題を発見し、解決していく問題解決的な学習や体験的な学習を重視する方向に改善していく必要があること。
ウ　観察・実験などの活動や探究活動は、特定の期間に集中して行うことでより効果を上げることがあることを考え、教育課程の運用の弾力化を図ることも必要であること。
エ　問題解決的な学習や体験的な学習などで成果を上げるためには、学校の中だけなく、身近な自然、科学博物館等の社会教育施設、大学、研究所などを活用することや、関係団体との連携を図って、子供たちに科学の面白さや魅力、自然現象の神秘等に触れるなどの活動を行っていくことが望まれること。

(環境教育)

ア　環境問題が学術的な広がりを持った問題であることから、環境教育を行うに当たっては、各教科、道徳、特別活動などの連携・協力を図り、学校全体の教育活動を通して取り組んでいくことが重要であること。
イ　環境や自然と人間とのかかわりについて理解を深めるとともに、環境や自然に対する思いやりやこれらを大切にする心を育み、自ら率先して環境を保全し、よりよい環境を創造していこうとする実践的な態度を育成することが大切であること。
ウ　体験的な学習が重要であること。そのためには、自然や地域の中で、環境の大切さを実感しながら、実際に起こっている環境問題を考え、その解決のために必要な取組みや自分たちがなすべきこと等の学習活動が奨励されるべきこと。

10　文部大臣から教育課程審議会への諮問文

「幼稚園、小学校、中学校、高等学校、盲学校、聾学校及び養護学校の

教育課程の基準の改善について」

平成８年８月27日

文　部　大　臣　　奥　田　幹　生

（検討の観点）

幼児児童生徒の人間として調和のとれた成長を目指し、国家及び社会の形成者として心身ともに健全で、21世紀を主体的に生きることができる国民を育成するため、社会の変化や幼児児童生徒の実態、教育課程実施の経験などを考慮するとともに、中央教育審議会の答申を踏まえ、幼稚園、小学校、中学校、高等学校、盲学校、聾学校及び養護学校を通じて教育上の諸課題を検討し、教育課程の基準の改善を図る必要がある。

このため、次のような観点に配慮しつつ、完全学校週５日制の下で、各学校がゆとりのある教育活動を展開し、一人一人の幼児児童生徒に「生きる力」を育成するための教育内容の在り方について検討する。

⑴自ら学び、自ら考える力などをはぐくみ、創造性を育てること。

⑵一人一人の個性を生かし、豊かな人間性を育てること。

⑶基礎・基本の指導の徹底を図ること。

⑷社会の変化に適切に対応すること。

⑸各学校段階を通じて、調和と統一を図ること。

審議に当っては、教科書や指導方法等との関連のほか、家庭や地域社会における教育との連携の在り方との関連にも留意する。

11　教育課程審議会の委員

審議会の委員は次の各氏であった。（平成10（1998）年７月29日現在）

会　長	三　浦　朱　門	日本芸術文化振興会会長、作家
副会長	西　澤　潤　一	岩手県立大学長
初等教育教育課程分科審議会		
委　員	秋　山　　　仁	東海大学教授
	安　藤　駿　英	東京都中央区立京橋築地小学校長

	上　杉　賢　士	千葉県総合教育センター研究指導主事
	大　迫　さかゑ	前東京都港区立青南幼稚園長
	大　澤　正　子	東京都教育委員会指導部初等教育指導課長
	大　畑　祥　子	日本女子大学教授
	片　岡　暁　夫	筑波大学教授
	久　保　美和子	宗吾保育園園長
	近　藤　弘　子	社会福祉法人侑愛会おしま学園長
	○坂　元　弘　直	国立科学博物館
	佐保田　亘　正	東菅幼稚園長
	塩　　　美佐枝	聖徳大学短期大学部助教授
	瀬　尾　政　雄	国際学院埼玉短期大学教授
	高　橋　ヨシ子	東京都立教育研究所経営研究部長
	寺　川　智　祐	広島女子商短期大学長
	服　部　祥　子	大阪府立看護大学教授
	堀　田　　　力	弁護士、財団法人さわやか福祉財団理事長
	水　谷　　　修	名古屋外国語大学教授
	味　村　美恵子	東京都世田谷区立太子堂小学校教諭
	◎宮　本　美沙子	日本女子大学長
	無　藤　　　隆	お茶の水女子大学教授
	村　上　美智子	京都府京都市立御所南小学校長

中学校教育課程分科審議会

委　員	天　笠　　　茂	千葉大学教授
	荒　川　明　照	東京芸術大学教授
	安　藤　和　津	エッセイト
	加　藤　秋　美	高知県教育委員会障害児教育室長
	橘　田　紘　洋	愛知教育大学教授
	◎河　野　重　男	東京家政学院大学長
	今　野　由　梨	株式会社生活科学研究所長
	齊　藤　弘　安	東京都渋谷区立松濤中学校長

	佐　野　金　吾	前東京都新宿区立西戸山中学校長
	鈴　木　　　仁	社団法人日本PTA全国協議会専務理事
	皇　　　紀　夫	京都大学教授
	田　辺　洋　二	早稲田大学教授
	○田　村　哲　夫	学校法人渋谷教育学園理事長 幕張中・高等学校長
	鳥　海　　　靖	中央大学教授
	西　野　真由美	国立教育研究所主任研究官
	西　間　三　馨	国立療養所南福岡病院長
	能　田　伸　彦	筑波大学教授
	藤　森　喜　子	前東京都世田谷区立希望丘中学校長
	船　津　春　美	福岡県中間市教育委員会教育長
	本　間　久　英	東京学芸大学教授
	森　　　昭　三	岩手大学教授
	山　際　　　隆	富山大学教授

高等学校教育課程分科審議会

委　員	阿　部　幸　子	青山学院女子短期大学教授
	荒　井　　　桂	財団法人埼玉県埋蔵文化財調査事業団理事長
	菴　谷　利　夫	国立特殊教育総合研究所長
	井　口　　　茂	前東京都立小石川工業高等学校長
	大　南　英　明	帝京大学教授
	岡　田　修　二	静岡県立浜松西高等学校長
	川　合　眞　紀	理化学研究所主任研究員
	工　藤　文　三	国立教育研究所教科教育開発研究室長
	栗　原　尚　子	お茶の水女子大学助教授
	○小　林　陽太郎	富士ゼロックス株式会社代表取締役会長
	小　松　彦三郎	東京理科大学教授
	里　中　満智子	漫画家
	高　木　　　剛	ゼンセン同盟会長

	寺　本　敬　彦	東京都立忍岡高等学校長
	永　井　順　國	読売新聞社論説委員
	◎西　澤　潤　一	岩手県立大学長
	西　嶋　美那子	日本経営者団体連盟労務法制部次長
	緑　川　祐　介	二松学舎大学附属沼南高等学校長
	山　下　泰　裕	東海大学教授
	山　本　文　茂	東京芸術大学教授
	和　田　征　士	前東京都立戸山高等学校長

特殊教育部会

委　員	菴　谷　利　夫	国立特殊教育総合研究所長
	大　南　英　明	帝京大学教授
	加　藤　秋　美	高知県教育委員会障害児教育室長
	近　藤　弘　子	社会福祉法人侑愛会おしま学園長
	齊　藤　弘　安	東京都渋谷区立松濤中学校長
	瀬　尾　政　雄	国際学院埼玉短期大学教授
	西　嶋　美那子	日本経営者団体連盟労務法制部次長
	西　間　三　馨	国立療養所南福岡病院長
	服　部　祥　子	大阪府立看護大学教授
	◎細　村　迪　夫	群馬大学教授
	○三　浦　　　和	全国特殊教育推進連盟理事長

*特殊教育部会の委員は、初等教育・中学校・高等学校の分科審議会にも分属している。
◎は分科会長、○は分科会副会長（特殊教育部会では、それぞれ部会長、副部会長）

12　我が国の授業時数と諸外国の授業時数の比較

この表は、平成14（2002）年度の文部科学省委託研究として国立教育政策研究所の研究グループが行った国際比較の結果である。

我が国については、教科・道徳・総合的な学習の時間の授業時数の合計数であり、特別活動の授業時数は含まれていない。

また、授業時数については、国によって様々な運用上の違いがあり、単純に比較できない側面があるとされている。

具体的に、文部科学省が公にしている説明では、授業時数の多い国について、例えば次のような点を挙げて、単純に比較できないことが指摘されている。

ア　イタリアは、第四学年の子供は一日に495分（45分授業で8.77コマ）学習することになっているが実態と乖離しているとの指摘がある。

イ　インドは二部制の学校があるため規定の時間全てを受けているとは考えにくい。

ウ　カナダ（ケベック州）は基準となる授業時間に休憩、移動、食事などの時間が含まれている。

エ　アメリカ（ワシントンD.C）はガイドラインであって実態と乖離しているほか、授業時数が上限と下限で定められている一部の教科について上限の時数で計算したり、選択教科となっている複数の教科の時数をすべて算入したりしている。

このことに関連して、調査を行った国立教育政策研究所の研究グループは、「国際学力調査（PISA）の結果と今回の調査結果による授業時数の多寡との間に単純な関連性は認められない。」とコメントしている。

また、フィンランドの授業時数は我が国と同様に少ないグループに属するが、国際学力調査（PISA）で成績が常にトップグループに入っていることは周知のとおりである。

小学校段階（第１～第６学年の合計授業時数）

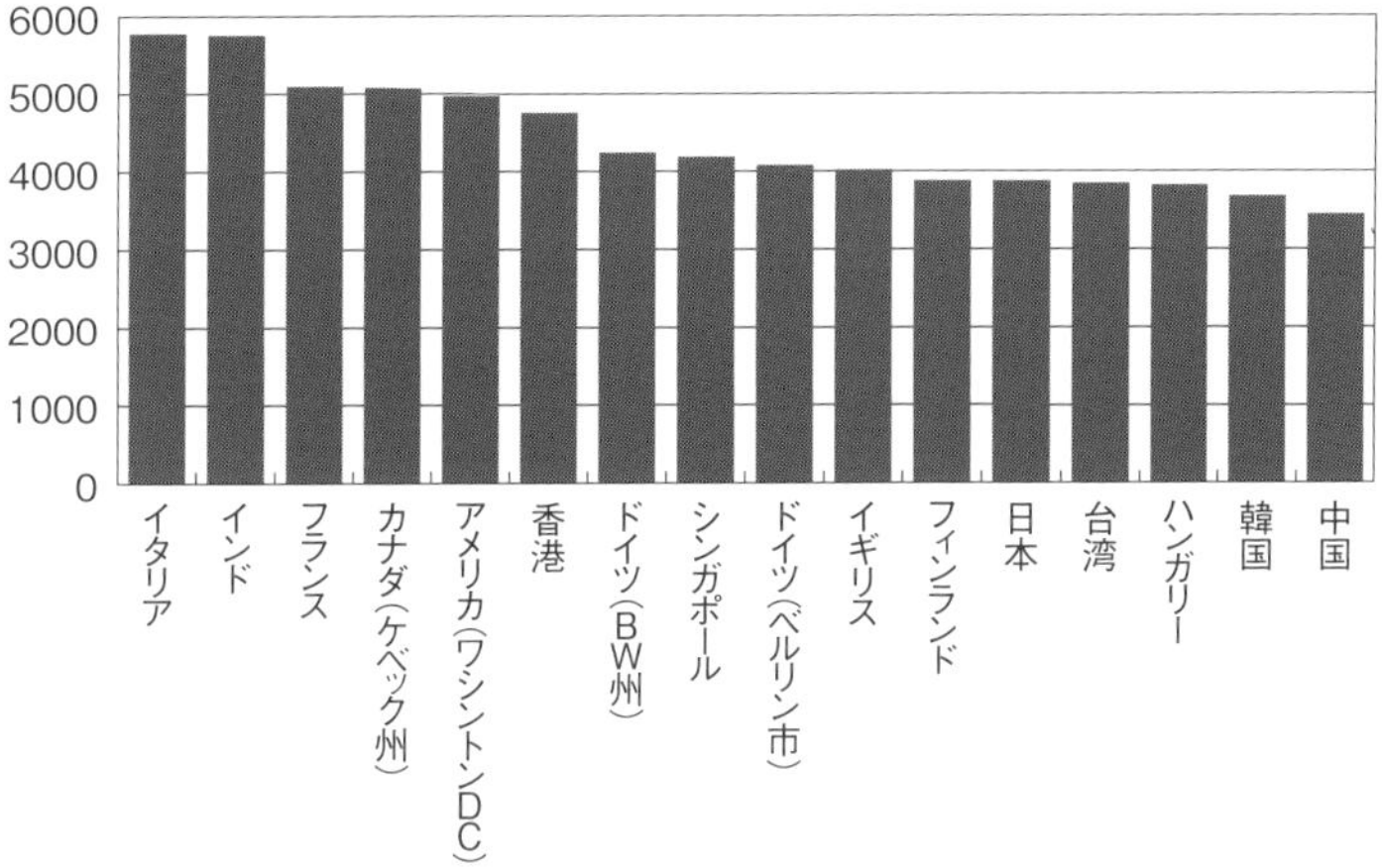

中学校段階（第１～第３学年の合計授業時数）

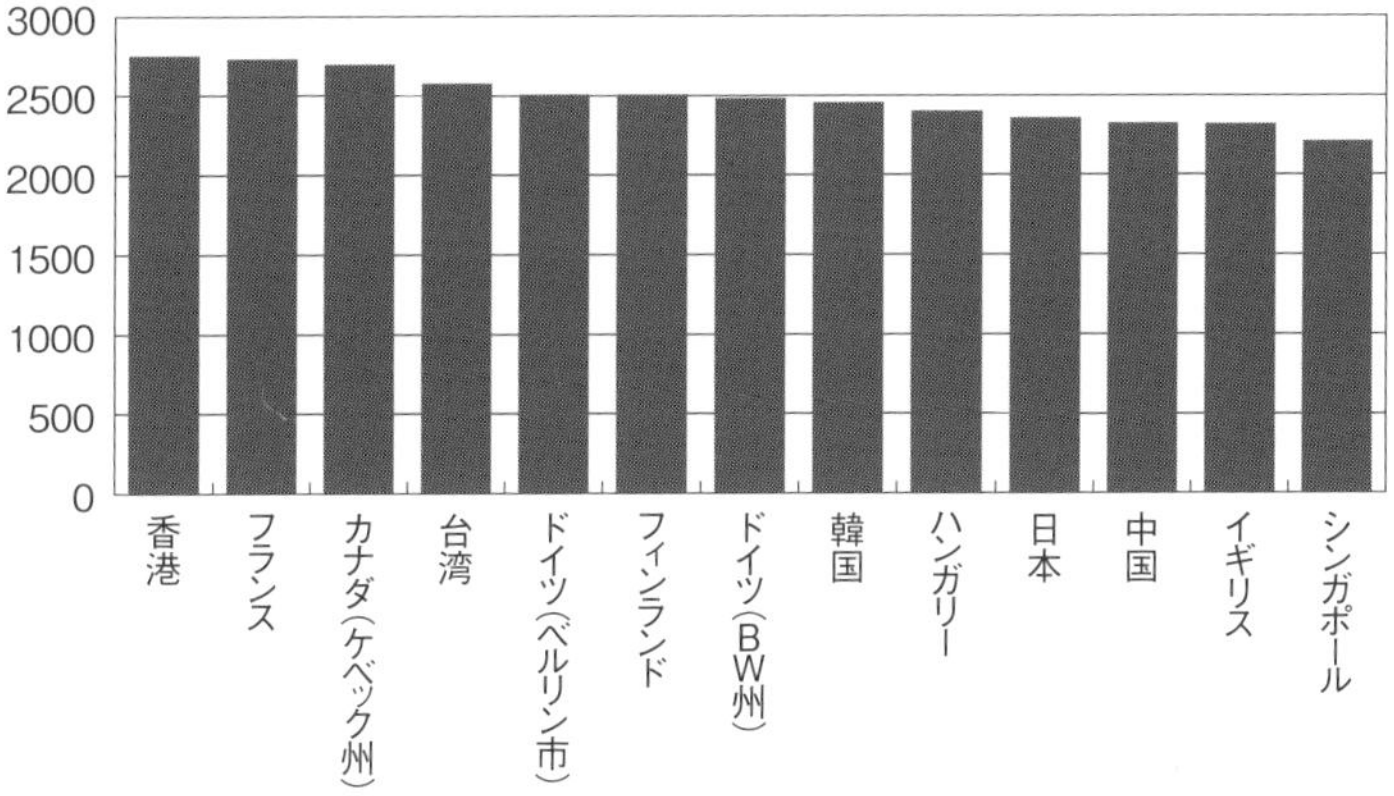

13　全国学力・学習状況調査（平成30年実施）の結果

問題例

小学校　国語

国語A[8]　「文の中で漢字を使う」

矢野さんは、見学したことをノートにまとめています。次の［ノートの一部］をよく読んで、あとの（問い）に答えましょう。

おかし店の見学に行って分かったこと

○調理場には、生地を練る機械など、 （ア）せい造に必要な　（イ）せつ備がある。 ○衛生を保つために、調理器具などを一日に何回も （ウ）しょう毒する。 ○お客さんにおいしいお菓子を食べてもらうために、品質をしっかり （エ）かん理している。 ○地元の野菜や果物などを使った新しいおかしを （オ）せっ極的に開発している。

（問い）［ノートの一部］のアからオの_____部は、どのような漢字を使って書きますか。

_____部と同じ漢字を____部に使って書く文として最も適切なものを、次の１から３までの中からそれぞれ一つ選んで、その番号を書きましょう。

ア（答：２　正答率：73.6%）

１　せい限時間に気をつける。

２　新せい品の価格を調べる。

３　道具箱の中をせい理する。

イ（答：１　正答率：82.3%）

1　新しい規則をもうける。

2　劇のやくの希望を聞く。

3　遠くへボールをなげる。

ウ（答：2　正答率：82.3%）

1　細かい説明をはぶく。

2　ノートの文字をけす。

3　運動会で赤組がかつ。

エ（答：3　正答率：65.1%）

1　かん成した作品を先生に見せる。

2　近くの警察かんに道をたずねる。

3　ビーカーと試験かんを水で洗う。

オ（答：1　正答率：51.7%）

1　三角形の面せきを求める。

2　大会でよい成せきを残す。

3　せき任の重い仕事をする。

小学校　算数

「計算の意味」の問題と正解と正答率

算数A［2］　計算の能力（計算の意味の理解）

問：答えが12÷0.8の式で求められる問題を、下の１から４までの中からすべて選んで、その番号を書きましょう。

1　１mの重さが12kgの鉄の棒があります。
　この鉄の棒0.8mの重さは何kgですか。

2　0.8Ｌで板を12㎡ぬることができるペンキがあります。
　このペンキ１Ｌでは、板を何㎡ぬることができますか。

3　赤いテープの長さは12cmです。
　白いテープの長さは、赤いテープの長さの0.8倍です。
　白いテープの長さは何cmですか。

4　長さが12mのリボンを0.8mずつ切っていきます。
0.8mのリボンは何本できますか。

答：2と4　と回答しているもの　　正答率：40.1%

中学校　国語

国語A[8]　伝統的な言語文化と国語の特質に関する事項

次の各問いに答えなさい。

一　次の1から3までの文中の＿＿線部のカタカナを漢字に直し、楷書でていねいに書きなさい。

1　紙をひもでタバねる。　（答：束ねる　正答率：79.5%）
2　舞台のマクが上がる。　（答：幕　正答率：73.4%）
3　先制点をユルす。　（答：許す　正答率：71.9%）

二　次の1から3までの文中の＿＿線部の漢字の正しい読みをひらがなでていねいに書きなさい。

1　模型を作る。　（答：もけい　正答率：95.9%）
2　池の水が凍る。　（答：こおる　正答率：97.9%）
3　技を磨く。　（答：みがく　正答率：98.2%）

三　次のアからキの文では、（　）の中の1から4までのうち、どれが最も適切ですか。それぞれ一つ選びなさい。

ア　立場の異なる両者の主張は（1 臨機応変　2 終始一貫　3 先手必勝　4　共存共栄）して変わらず、結論が出なかった。
（答：2　正答率：78.1%）

イ　魚の中には群れを作って泳ぐ（1 習性　2 修正　3 集成　4 終生）をもつものがいる。　（答：1　正答率：91.2%）

ウ　先生が私たちに大切なことを（1 申し上げた　2 申した　3 お言いした　4 おっしゃった）。　（答：4　正答率：88.3%）

エ　彼は（1　水気　2　せき　3　紙　4　くう）を切ったように話し始めた。　（答：2　正答率：29.5%）

オ　意見の折り合いを（1　たてる　2　かける　3　つける　4　なする）。
（答：3　正答率：62.4%）

カ　わたしが健康になったのは、（1　ひとえに　2　ほのかに　3　いちずに　4　むやみに）母のおかげです。　（答：1　正答率：65.8%）

キ　姉はみんなと一緒に運動をすることが好きだ。（1　もしくは　2　いわば　3　要するに　4　一方）、妹は一人で本を読むことが好きだ。　（答：4　正答率：95.3%）

中学校　数学

数学A1　「正の数と負の数とその計算」

質問：次の(1)から(4)までの各問いに答えなさい。

(1)　下の図は数直線の一部です。点Aが表す数を書きなさい。

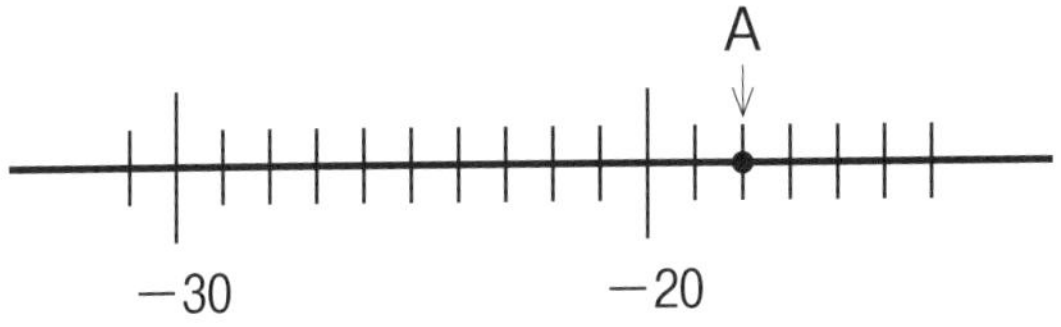

答：−18　と回答しているもの　　正答率：94.7%

(2)　絶対値が6である数をすべて書きなさい。

答：6と−6　と回答しているもの　　正答率：69.7%

(3)　2×(−5の二乗）を計算しなさい。

答：−50　と回答しているもの　　正答率：69.3%

(4)　ある日の最低気温は−3℃で、その前日の最低気温は−7℃でした。ある日の最低気温がその前日の最低気温からどれだけ高くなったかを求める式として正しいものを、下のアからエまでの中から1つ選びなさい。

ア　（−3）＋（−7）

イ　（－3）－（－7）
ウ　（－7）＋（－3）
エ　（－7）－（－3）
答：イ　と回答しているもの　　正答率：54.8％

14　IEA調査（平成27年実施）の結果

（算数・数学）

「算数・数学の勉強は楽しい」の結果　（％）

		強くそう思う	そう思う	そう思わない	全くそう思わない
小学校4年生	日本	31.5	43.4	17.9	7.1
	国際平均値	55.5	29.0	8.9	6.5
中学校2年生	日本	15.7	36.6	34.5	13.2
	国際平均値	34.3	36.8	17.3	11.6

「私は、算数・数学が好きだ」の結果　（％）

		強くそう思う	そう思う	そう思わない	全くそう思わない
小学校4年生	日本	33.0	33.6	22.0	11.4
	国際平均値	57.1	24.7	9.6	8.6
中学校2年生	日本	15.0	28.0	36.6	20.4
	国際平均値	33.3	32.9	18.6	15.2

「数学を勉強すると日常生活に役立つ」の結果　（％）

		強くそう思う	そう思う	そう思わない	全くそう思わない
中学校2年生	日本	25.0	49.1	19.7	6.2
	国際平均値	51.8	32.6	9.9	5.7

（理科）

「私は、理科が楽しい」の結果

（%）

		強くそう思う	そう思う	そう思わない	全くそう思わない
小学校4年生	日本	56.8	33.1	7.5	2.6
	国際平均値	61.6	25.3	7.5	5.6
中学校2年生	日本	21.3	44.3	25.7	8.7
	国際平均値	46.5	34.0	12.2	7.3

「私は、理科が好きだ」の結果

（%）

		強くそう思う	そう思う	そう思わない	全くそう思わない
小学校4年生	日本	55.0	28.7	12.0	4.3
	国際平均値	63.5	22.6	7.9	6.0
中学校2年生	日本	19.8	36.0	32.2	11.9
	国際平均値	45.4	31.7	14.4	8.5

「理科を勉強すると日常生活に役立つ」の結果

（%）

		強くそう思う	そう思う	そう思わない	全くそう思わない
中学校2年生	日本	17.0	44.8	28.2	9.9
	国際平均値	51.6	33.6	9.9	5.0

（出典：国立教育政策研究所「第３回国際数学・理科教育調査動向2015年調査報告書」）
（明石書店）

15　PISA調査の成績順位

OECD加盟国中の順位

	2000年	2003年	2006年	2009年	2012年	2015年	2018年
科学的リテラシー	2位／28か国	2位／30か国	3位／30か国	2位／34か国	1位／34か国	1位／35か国	5位／37か国
読解力	8位／28か国	12位／30か国	12位／30か国	5位／34か国	1位／34か国	6位／35か国	15位／37か国
数学的リテラシー	1位／28か国	4位／30か国	6位／30か国	4位／34か国	2位／34か国	1位／35か国	6位／37か国

（出典：国立教育政策研究所「OECD生徒の学習到達度調査・2015年度調査報告書」）

年　表

年	学習指導要領	関連事項
昭和52年　1977年	第一のゆとり改訂 （～昭和53年）	
昭和55年　1980年	第一のゆとり実施 （小学校）	
昭和56年　1981年	↓　（中学校）	
昭和57年　1982年	↓　（高校＝年次進行）	
昭和58年　1983年		臨時教育審議会設置
昭和62年　1987年		臨時教育審議会最終答申
平成元年　1989年	第二のゆとり改訂	
平成４年　1992年	第二のゆとり実施 （小学校）	月１回の学校週５日制実施
平成５年　1993年	↓　（中学校）	
平成６年　1994年	↓　（高校＝年次進行）	
平成７年　1995年		月２回の学校週５日制実施 「二十一世紀を展望した我が国の教育の在り方について」中央教育審議会に与謝野文相が諮問
平成８年　1996年		同一次答申。教育課程審議会に奥田文相が諮問
平成９年　1997年		中央教育審議会二次答申

年　表

年	学習指導要領	関連事項
平成10年　1998年	究極のゆとり改訂 （～平成11年）	教育課程審議会が町村文相に答申
平成11年　1999年		日能研が円周率3キャンペーン 『分数ができない大学生』刊行
平成13年　2001年		第1回PISA結果公表 （実施は前年）
平成14年　2002年	究極のゆとり実施 （小・中学校）	文部科学省が「学びのすすめ」発表。学校週5日制完全実施
平成15年　2003年	↓　（高校＝年次進行） 一部改訂 （基準性の明確化）	
平成16年　2004年		第2回PISA結果公表（実施は前年）。読解力低下が問題に
平成18年　2006年		
平成19年　2007年		全国学力・学習状況調査スタート 第3回PISA結果公表（実施は前年）。日本の成績はさらに低下
平成20年　2008年	脱ゆとり改訂 （～平成21年）	
平成23年　2011年	脱ゆとり実施 （小学校）	
平成24年　2012年	↓　（中学校）	
平成25年　2013年	↓　（高校＝年次進行）	

あとがき

辻村　哲夫

随分前のことになるが、学生時代にこんな出来事があった。

日曜日、下宿でのんびりしていると部屋にその家の母親と子供が現れた。子供は緊張からか俯むいて体をこわばらせている。「先生、この子をお願いします。これを見てください。」母親の剣幕に押されて三年生か四年生の男児が出したのは、０点の小テスト二枚だった。

０点の理由は直ちに判明した。繰り上がりのある掛け算の計算方法を間違えていた。65×3を例にとれば、60×3＝180　5×3＝15で195とすべきところを1815としていたのだ。同じような問題だから、二枚とも0点は当然の結果だった。しかし、会得するのに時間はかからなかった。彼はたちまち百点満点、喜色満面、元気になって帰っていった。

その何日か後、「社会科のテストがあるので、先生教えて」と、今度は一人でやってきた。ノートの書きぶりから、彼が内容をほとんど理解していないことは明白だった。ちょっとした特訓で、結果は好成績とは言えないまでも彼の過去の最高点を更新した。

そのとき、こんなことを思ったのである。

なぜ先生は分からないまま放っておくのか、テストや授業中の様子で、この子が理解不十分なことは分かっているはずなのに。また、なぜこの子は先生に「教えてください」と言わなかったのか。親もなぜ、子供にそのことを促さなかったのか。

しかしそのあと、いろいろと考えた。教師にその時間がなかったのかもしれない。子供は普段の成績を気にして言い出せず、親も子供の成績を気にして遠慮してしまったのではないか。

このときの出来事は強い印象をもって残り、その後教育行政に携わっていた間、教育の在り方を考えるときの原点のようなものになった。

あれから数十年が経っているが、子供、親、教師それぞれが思うこと考えること感じていることは、当時とあまり変わっていないのではないかと思う。

子供を育てるに当たってよく言われる言葉に「手塩にかける」という言葉がある。

「心のゆとり・時間のゆとりをもって生きる力を育む」ということを考えるときこの言葉はまさにそれに相応しい言葉のように思われる。教師は子供たちが本当に内容を理解し、しっかり身に付けているか否かをきちんと確認しながら、まさに「手塩にかけた指導」を徹底して行うことで「生きる力」は育まれるのである。

教師には、子供たちが分かるまで教えてほしい。彼の分かった時の満足げな顔を思い出す度に、そのことを願わずにはいられない。成績が良くないことで小さくなって過ごしたであろう学校生活は、分かるようになれば一変するのだ。どの子供にもその喜びを味わわせてやってほしいと強く思うのである。

学校時代の思い出は誰にとっても強く印象に残っているものである。それだけ感受性の強い時を過ごすのが学校なのである。そして学習の得意不得意を超えて、学校で過ごしたときの諸々が何らかの形でその後の人生に強い影響力を持っているものだということを痛感するのである。

教育はすべての人々に関わる重要な課題であり、義務教育の時期は特に大切である。それだけにこれからの学校教育をさらに良いものに、子供たちに楽しい学校生活を、こんな思いを抱きつつ本書を執筆した。

教育関係者はじめ一人でも多くの人々が教育を考えるとき、本書が幾ばくかでも参考になれば幸いである。

本書の執筆に当たっては多くの人たちにご協力いただいた。特に、著書をはじめ多くの示唆をいただいた上智大学名誉教授　加藤幸次氏、名古屋大学名誉教授　安彦忠彦氏、資料提供にご協力くださった文部科学省初等中等教育局教育課程課と国立教育政策研究所の皆さん、また最後に適切なアドバイスと快適な執筆環境を提供してくださった悠光堂の佐藤裕介氏、遠藤由子さん、冨永彩花さんの皆さんに心より感謝申し上げる。

中西　茂

元々、ゆとり時代のことは、いつかまとめて活字にしたいと考えていた。本文でも少し触れているが、筆者（中西）は、二〇世紀が終わり、新たな世紀を迎えた四〇歳代前半、新聞社の支局で地方版のデスク業務に就いていて、ゆとりから脱ゆとりへの政策転換の流れと社会の変化を直接取材できなかったからだ。その後、東京本社で「教育ルネサンス」という長期連載の立ち上げ人を務めた。現場に寄り添う紙面づくりを心掛けたが、この紙面にも〈ゆとりテイスト〉を感じた人がいた。一方で、五〇歳代前半には北海道支社に勤務し、学力問題と直接向き合う経験も持った。

この間、かつての関係者にインタビューも続けた時期があり、活字化するあてのないメモをしたためていた。それからしばらくして、悠光堂の佐藤さんと遠藤さんから、「元文部省の辻村哲夫さんとゆとり教育の真意とその是非を問う本をつくろうと思うが、協力してもらえないか」というお話をいただいた。このチャンスを逃すと、次はなかなかないだろうと思って引き受けることにした。

実際、いまの時代に、「もう一度ゆとり教育のことを考えてみよう」というのは勇気がいる。しかし、本書を執筆中に、新型コロナウイルス感染症の世界的な大流行が起き、日本政府の緊急事態宣言を受けて、国内の学校の多くは、新年度当初から長期の休校を余儀なくされた。

休校の長期化によって、元々求められている学習内容をこなすことはどんどん難しくなった。教育関係者からは「〈ゆとり教育〉の時代には内容が三割削減できたのだから、本当に必要な内容を示すべきではないか」という声さえ聞かれた。新型コロナの影響がいつまで続くかは予測がつかないが、現実に休校で自宅にいる子供たちに学習を促す教員の立場に立てば、最低限身に付けておいてほしい内容を考えざるを得ないのではないか。その後、文部科学省は教科書会社と協力して、小中学校教科書のうち、授業外で学ぶことができる部分を示した。公立高校入試の出題範囲を絞ることを公にする自治体も相次いだ。

繰り返しになるが、令和二（二〇二〇）年度は、新しい学習指導要領が、まず小学校から実施される年だった。新型コロナによって、その出鼻をくじかれた形だ。新しい学習指導要領は、これまで以上に学習者の主体性を求めていたが、そのカリキュラムが実行に移される前に、子供たちの家庭での主体的な学習がいやおうなく求められるという皮肉な事態になった。しかし、主体的な学びこそが、ある意味で〈ゆとり教育〉の本質でもある。今回も、授業外では学べない層をどうカバーするかが重要なポイントのはずだ。

コロナ禍は、学校教育の存在そのものを問いかけることとなった。筆者自身も大学で教育をする立場であり、遠隔授業で学生と接することを余儀なくされたが、その中で対面授業を望む学生が多いことを実感する。新学習指導要領が求める〈主体的・対話的で深い学び〉は、大学教育にこそ求められることなのだが、学生を含む多くの子供たちにとって、それは〈学校〉という存在なしでは達成できないのではないかと気付かせてくれたのかもしれない。

ＩＣＴの積極的な活用など、新型コロナの大流行が、強引な形ながら新しいスタイルの教育をもたらすことになるのもほぼ間違いないだろう。そうやって学んだ世代が、否定的な意味で〈コロナ世代〉と呼ばれることがないように願う。

最後に、気長に原稿の到着を待ってもらい、あわただしい作業を押し付けてしまった担当の遠藤由子さんと冨永彩花さんにお詫びと感謝の言葉を贈ります。

辻村 哲夫（つじむら・てつお）

元文部省初等中等教育局長。

1944年生まれ。名古屋大学教育学部卒業。1967年文部省入省。香川県教育委員会義務教育課長・総務課長、文部省初等中等教育局特殊教育課長（現、特別支援教育課長）、中学校課長、高等学校課長、大臣官房総務課長、大臣官房審議官（初等中等教育局担当）、総務審議官、初等中等教育局長、東京国立近代美術館館長、共立女子学園常務理事等を務めた。現、公益財団法人学習情報研究センター理事長、公益財団法人日本学生野球協会審査室長。

中西 茂（なかにし・しげる）

元読売新聞記者。

1958年生まれ。早稲田大学政治経済学部卒業。1983年読売新聞社入社。解説部次長、編集委員として、2005年から始まった長期連載「教育ルネサンス」のデスクを4年余り務めた。『異端の系譜　慶應義塾大学湘南藤沢キャンパス』（中央公論新社）を始め、家庭内暴力事件から学力問題まで様々な著作があり、複数の教育雑誌でも連載を執筆中。2019年２月まで中央教育審議会教員養成部会臨時委員。2016年４月から玉川大学教授として着任。現、玉川大学教育学部教授。

もう一度考えたい「ゆとり教育」の意義

2020年９月15日　　初版第一刷発行

著　者	辻村 哲夫・中西 茂
発行人	佐藤 裕介
企画統括	遠藤 由子
制作支援	冨永 彩花
発行所	株式会社 悠光堂 〒104-0045 東京都中央区築地6-4-5 シティスクエア築地1103 電話：03-6264-0523　FAX：03-6264-0524 http://youkoodoo.co.jp/
DTP	株式会社 翔美アート
デザイン	株式会社 シーフォース
印刷・製本	株式会社 シナノパブリッシングプレス

ISBN978-4-909348-31-9　C0037